Amar
a madrazos

Amar a madrazos

El doloroso rostro de la violencia entre jóvenes

Ale del Castillo y Moisés Castillo

Grijalbo

Amar a madrazos
El doloroso rostro de la violencia entre jóvenes

Primera edición: octubre, 2010

D. R. © 2010, Ale del Castillo
D. R. © 2010, Moisés Castillo

D. R. © 2010, derechos de edición mundiales en lengua castellana:
Random House Mondadori, S. A. de C. V.
Av. Homero núm. 544, col. Chapultepec Morales,
Delegación Miguel Hidalgo, 11570, México, D. F.

www.rhmx.com.mx

Comentarios sobre la edición y el contenido de este libro a:
literaria@rhmx.com.mx

ISBN 978-607-310-136-3

Impreso en México / *Printed in Mexico*

Presentación

La violencia de género, entendida como la exacerbación de las desigualdades entre mujeres y hombres, es el resultado de diferentes factores de carácter cultural, social, legal y familiar, que desde tiempos inmemoriales propiciaron que haya impactado en forma dispar el reconocimiento de los derechos de un sexo en perjuicio del otro. Históricamente, el sexo en desventaja ha sido el de las mujeres, lo que ha contribuido a que un alto número de situaciones violentas sea dirigido a ellas en todos los órdenes de la vida civil.

La violencia contra las mujeres no respeta condición económica, nacionalidad, etnia o edad, y ocurre tanto en los espacios públicos como en los privados. Ésta puede ser ejercida por hombres desconocidos, conocidos, familiares y, por supuesto, por las parejas erótico-afectivas. Desafortunadamente, las manifestaciones más frecuentes de violencia contra las mujeres siguen siendo las que ocurren en el contexto de las relaciones familiares y de pareja.

Ahora bien, esta situación no está determinada por la "naturaleza", ni responde a características "esenciales" de las mujeres y de los hombres, sino a la construcción de subjetividades que se configuran como "femeninas" o como "masculinas", y que han llevado a asociar lo femenino con la sumisión y lo masculino con el dominio. Por esto no es sorprendente que en la mayoría de los casos la violencia de pareja se inicie en la adolescencia y juventud, y precisamente en las relaciones de noviazgo, ya que el proceso de socialización y la adquisición de las identidades y roles de género se ven cristalizados en esas etapas de la vida. Es así que podemos reconocer la importancia que tienen las creencias tradicionales sobre lo que es "ser hombre" o "ser mujer" para entender lo que sucede en las relaciones de noviazgo entre jóvenes y la posibilidad de que ocurra violencia. Estas creencias están muy influidas por mensajes que recibimos desde la infancia, y que se convierten en mandatos ("debes de ser así") que moldean muchos rasgos de personalidad y modos de comportamiento.

Estos mandatos se vuelven estereotipos y se utilizan para educar a las personas según el sexo al que pertenezcan. Los principales estereotipos sobre las mujeres es que son pasivas, tiernas, cariñosas, sentimentales, románticas, comprensivas, fieles, maternales, irracionales, exageradas, vanidosas, inseguras, temerosas, débiles y víctimas fáciles de la violencia. Los estereotipos que se aplican a los hombres incluyen el ser activos, fuertes, independientes, decididos, inteligentes, exitosos, conquistadores, con mayor apetito sexual, dominantes, insensibles, agresivos, violentos, rebeldes, descuidados y desordenados.

Los estereotipos que se aplican a mujeres y hombres se denominan "de género", porque tienen que ver con lo que se espera que cumplan unas u otros simplemente por haber nacido de uno u otro sexo. Lo que resulta perjudicial es que estas características son imposibles de cumplir, y además no toman en cuenta las necesidades, limitaciones y deseos particulares de cada persona en su calidad de ser humano. Se vuelven entonces una especie de "camisas de fuerza" en la medida en que, si no las cumplimos, se nos puede juzgar severamente por "salirnos de la norma" (por ejemplo, una chava que ha tenido relaciones sexuales con varios hombres porque le parece divertido hacerlo, puede ser calificada de "loca", "zorra" o "puta"), y si se cumplen, también pueden ponernos en riesgo y afectarnos emocionalmente porque nos exigen demasiado (por ejemplo, para ser un "verdadero hombre", algunos jóvenes tienen que salir con muchas mujeres, no demostrar su sentimientos y ser violentos).

En la relación de noviazgo existen influencias, negativas en unos casos y positivas en otros, que pueden contribuir a la integración o el deterioro de las relaciones afectivas. Lo que es destacable es que los datos y las estadísticas disponibles muestran índices elevados de parejas jóvenes en los que la violencia se convierte en una constante en sus relaciones, siendo en muchos casos ocultada. Cuando existen relaciones de desigualdad y creencias que nos hacen pensar que somos superiores a otra persona, siempre existe el riesgo de que utilicemos nuestros recursos (la fuerza física, el atractivo, la posición social, el dinero) para influir, controlar o dominar a otros. De esta manera, se puede someter y dañar a personas cercanas con actitudes o comentarios, o llegar a sentirse con el derecho de golpear a alguien más.

Las 19 historias que se incluyen en el libro *Amar a madrazos* reflejan una cotidianidad real y palpable en nuestro país, y tienen como denominador común la violencia de género entre jóvenes. Como ya habíamos mencionado, es durante la juventud cuando se empiezan a visualizar las causas estructurales de la violencia que se encuentran imbricadas en la posición histórica de inferioridad de las mujeres. A la vez, las historias que conforman este libro nos permiten comprender la violencia como elemento que perpetúa los estereotipos de género y los patrones culturales que operan como un mecanismo para el mantenimiento del papel dominador del varón y del rol sumiso de las mujeres.

Relatos como los de Diego y Vanessa, Raúl y Nancy o Fernanda y Daniel, entre otros, evidencian que si bien el origen de la violencia en la pareja se encuentra en el sexismo que impera desde tiempos inmemoriales, son múltiples los desencadenantes que la pueden ocasionar. Así, la violencia física, emocional, psicológica, sexual o económica, por citar algunas, que se comete en la adolescencia y la juventud, encuentra sus primeros brotes en actos que pueden poseer diferentes manifestaciones: unas que pueden calificarse de visibles, como los golpes, amenazas graves, agresiones sexuales, y otras menos evidentes, pero que no por ello lastiman menos, como los constantes enojos (y, con frecuencia, posteriormente, arrepentimiento), coacciones, presión para mantener relaciones sexuales no consentidas por la otra parte, chantajes emocionales, celos, humillaciones o ridiculizaciones, entre otras expresiones. Todas ellas, eso sí, manifestaciones del ejercicio de la violencia machista, de la violencia patriarcal.

Pero en el libro no sólo se recogen historias de violencia directa, sino también otras que se extienden a la influencia de la familia nuclear, como es el caso entre Julio y Paola. O situaciones en las que quien ejerce la violencia no es únicamente un integrante de la pareja, sino los padres, madres o ambos, como ocurre con Sonia y su incidencia en la relación con Víctor.

Asimismo la celotipia, en cualquiera de sus manifestaciones, es una forma de generar violencia, y para ello es de suma importancia tomar conciencia de qué "señales de alarma" se están produciendo en la relación para poder detectar tempranamente la existencia de los celos. Esta situación se expone en la historia de la relación entre Luis Enrique y Melisa.

En este sentido, cabe resaltar que —desafortunadamente— existen ciertas creencias sobre el amor romántico que en ocasiones no permiten ver los aspectos desagradables y amenazantes de la pareja. Esto sucede sobre todo durante la etapa del enamoramiento. Por ejemplo, los celos y la posesividad suelen considerarse "normales" en una relación de noviazgo porque se distorsiona su carácter violento y se visualizan como manifestaciones extremas del amor.

Como evidencian algunas historias, la violencia generalmente —no siempre— es cíclica, es decir, se repite, y ambos miembros de la pareja se encuentran "atrapados" en esa situación. En este ciclo se pueden presentar las diferentes formas de violencia, es decir, la física, emocional o sexual, ya sea una atrás de otra, o varias al mismo tiempo. Este ciclo tiene principalmente tres momentos: el de inicio, en el que la tensión por los conflictos no resueltos se va acumulando; el de la explosión de la violencia, y el de la "luna de miel", que resulta de gran atracción para quien recibió la violencia, ya que la actitud asumida por el agresor es de arrepentimiento, amabilidad, promesas de cambio y demostraciones de afecto. Cuando viene la reconciliación después de una pelea muy fuerte, se dice que estamos en la fase de la "luna de miel", que es donde una persona se puede volver a "enganchar" porque mira al agresor como si fuera débil y vulnerable. A la larga, esto se convierte en una situación muy difícil de detener.

Ahora bien, cabe destacar que a pesar de que la violencia de género afecta mayoritariamente a las mujeres, también existen casos en los que las víctimas son los hombres, como ocurre en la historia de Miguel y Mariana, donde describe una serie de hechos que se inician a nivel psicológico, pero que, de forma inmediata, se convierten en agresiones de carácter físico, y en los que se constata claramente la existencia del ciclo de la violencia, puesto que tras la acumulación y la explosión de las tensiones, surge la fase de arrepentimiento que convierte la relación en cíclica, dependiente y destructiva.

De igual manera, si bien no es el origen de la violencia, existen situaciones en las que el excesivo consumo de alcohol o drogas agudiza la misma. En la historia de Octavio y María Luisa se refleja la incidencia de tales estados.

Estas y otras historias relatan los diferentes rostros que se pueden generar dentro del universo de la violencia y que propician un sinfín de efectos nocivos. Los daños que se pueden generar por vivir una relación violenta van desde las lesiones físicas hasta las heridas emocionales. Las víctimas pueden sufrir deterioro y confusión en la relación. Algunos de los efectos ocasionados por las relaciones violentas son: depresión, aislamiento, fracaso escolar, bajo rendimiento laboral y una necesidad de evadirse de la realidad.

Aun cuando es muy reciente el estudio, México ya cuenta con datos que evidencian los altos índices de violencia en la población adolescente y juvenil, por lo que el presente libro es una puerta para construir un verdadero ejercicio de reflexión y análisis, desde un enfoque real y didáctico, acerca de la transcendencia y las consecuencias negativas de la violencia en el noviazgo. A todo ello se debe añadir que la autoría del texto está realizada de manera extraordinaria por dos jóvenes que de manera delicada, cabal y verídica reproducen casos reales que esperamos impacten a la juventud en el proyecto (que puede sonar idealista pero no por ello se debe dejar de anhelar) de una vida libre de violencia.

La violencia en el noviazgo es un problema frecuente que requiere ser visualizado porque puede ser el inicio de una vida de maltrato, pero también es una oportunidad de decidir, responsabilizarse y cambiar.

Ricardo Ruiz Carbonell y Luciana Ramos Lira

Introducción

¿Quién te amará más que yo, que permito que me pegues?

Ellos aman hasta los golpes. Aman de una manera enferma, aman aun cuando duele. Viven con el miedo de perder la vida y con la fuerza necesaria para sobrevivir un día más esperando que todo cambie.

Aman entre mentiras y justificaciones, ocultan el dolor con blusas de cuello alto y mangas largas, maquillaje y la negación de la existencia de alguien que los lastima en el nombre del amor.

Aman y dejan pasar el tiempo. Algunas veces no encuentran la salida del laberinto tormentoso en el que se han acostumbrado a vivir y se mueren por dentro. No saben pedir ayuda porque les avergüenza su sufrimiento.

Amar a madrazos es un proyecto periodístico que surgió en marzo de 2009 en las páginas de la revista *emeequis,* como un reflejo de la preocupación social por los altos índices de violencia detectados en las relaciones de noviazgo.

A un año de distancia, el tema de la violencia en el noviazgo se ha consolidado en la agenda pública y ocupa lugares prioritarios en organismos como el Instituto Mexicano de la Juventud, el Instituto Nacional de las Mujeres, la Comisión Nacional de Derechos Humanos, la Comisión de Derechos Humanos del Distrito Federal, entre otros.

Amar a madrazos reúne testimonios de parejas en situaciones de violencia y sus diferentes manifestaciones (física, psicoemocional, sexual y económica). Los protagonistas de estas historias han decidido compartir sus experiencias con la intención de evitar que la violencia se repita con otros nombres y lugares.

Cada una de las historias aquí presentadas van acompañadas de conceptos, información estadística y aportaciones de especialistas en el tema. Consideramos que el trabajo periodístico de investigación es una de las alternativas para informar, prevenir, acompañar y generar una reflexión en los diferentes sectores afectados en temas de la violencia en pareja.

Existe una necesidad social de conocer el inicio y los límites de la violencia en las relaciones, con la finalidad de que los lectores puedan identificar las señales en las que se gesta y detona la violencia.

El contenido de este libro no pretende juzgar y mucho menos calificar a sus protagonistas, por el contrario, cada historia aquí contada busca una aproximación al entendimiento del contexto planteado.

La presente investigación periodística está pensada para ser un material que pase de mano en mano, que proponga el debate, la reflexión y los espacios de diálogo entre mujeres, hombres, parejas y padres e hijos, con un objetivo en común: evitar que la violencia en las relaciones se repita en cualquier ámbito y con cualquiera de sus manifestaciones.

Se han cambiado los nombres de los protagonistas para proteger sus identidades.

Mi primer golpe

Diego tiene 22 años y actualmente goza de bastante suerte con las chicas. Su éxito en las relaciones no tiene tanto tiempo, tal vez unos cinco o seis años, porque de pequeño era "gordito y rosado" —como él mismo se describe—. Aún desconoce cuándo sucedió ese cambio que lo hizo encantador, pero supone que los detalles que tenía con su novia siempre llamaron la atención de las demás chicas.

Le gustan los paseos largos, todavía regala rosas y ha procurado ser siempre detallista. Le entusiasman las sorpresas y en todo momento está buscando la forma de hacer que lo cotidiano parezca especial. Diego aún cree en el compromiso que implica la confianza y así trata de llegar a acuerdos para tener una relación formal.

A sus 22 años se ha involucrado al menos con 23 o 24 chicas, pero sólo cinco de ellas han sido sus novias formales. En sus últimas relaciones le han tocado chicas de todo tipo, lo que le ha permitido definir cierta perspectiva de la mujer en diferentes aspectos.

Aún recuerda cuando encontró la lista de Ana, su antigua novia, quien le decía que todas las mujeres tienen un listado… un conteo. En él aparece un nombre, probablemente una fecha, y una pequeña leyenda que incluye algún detalle de referencia. Esa lista incluía a todos los chicos con los que Ana se había relacionado, y con los que había tenido desde un "kiko" hasta una relación sexual.

A los 21 años de Ana, Diego aparecía en esa lista en el número sesenta-y-tantos, ese detalle numerológico siempre le asombró. Los problemas de Diego y Ana se resolvieron muchas veces con besos o sexo, y en algunas ocasiones la confianza y el exceso de honestidad laceraba más que el silencio.

En cierta ocasión Ana tenía una fiesta y Diego no podía acompañarla. Él la animó a irse con sus amigos.

—Pues ve a la fiesta.

—No, yo creo que no…

—¿Por qué no?

—Porque no. Pues, es que, la verdad, no confío en mí, y pues habiendo alcohol de por medio… menos.

Diego se quedó sin palabras. Su relación sólo duró algunos meses más y en la frontera de haber terminado con Ana, llegó Vanessa, quien sería su nueva novia.

Vanessa era una chica muy espontánea y lo hacía reír. Se fueron conociendo, y mientras más conciencia tenía Diego de Vanessa, menos le gustaba.

Con ella Diego aprendió que las chicas no siempre quieren hacer el amor y prefieren el sexo; así, dejó salir su instinto animal cada vez que ella se lo pedía. Nalgadas o gritos, él la complacía. Su relación estuvo llena de experimentación y Diego aprendió mucho.

Una tarde llegó a la escuela y las miradas de los demás se posaron sobre él, los murmullos recorrían los pasillos mientras se quedaba impávido. Todos lo sabían. Vanessa fue muy clara: lo corrió de su casa, le cerró la puerta, y al tratar de evitarlo, Diego la arrojó contra el piso y comenzó patearla en el estómago. Todos en la escuela lo sabían ya y le clavaban los juicios sobre la piel con miradas, desprecio, rencor y coraje. Diego guardó silencio y se fue lleno de miedo. Miedo de que una mujer quiera ganar siempre, miedo de las relaciones que se convierten en una lucha de poder, miedo de saberse sometido, miedo de que alguien haya contado una historia que no era cierta para justificarse.

El día que terminó todo, Diego atendió un compromiso personal; mientras eso sucedía, Vanessa lo llamó seis veces, una por cada hora que duró el encuentro. En las primeras cuatro llamadas fue gentil. La quinta llamada ya no tuvo amabilidad alguna. En la sexta, sólo escuchó:

—Cuando llegues a tu casa márcame, porque ya me cansé de estarte esperando como tu estúpida. Yo ya no quiero estar contigo.

Diego no había acordado ver a Vanessa ese día. Después de aquella sexta llamada fue a buscarla. Discutieron, y ella parecía enfurecerse cada vez más.

—Hoy me di cuenta de que no te quiero, que ya no te soporto y que ya no quiero volver a verte —dijo ella.

Diego tomó aire y pensó que sería mejor hablar después, cuando ella estuviera más tranquila, y entonces trató de marcharse. La frustración de Vanessa hizo que Diego recibiera su primer golpe a puño cerrado en la mejilla izquierda.

—¡Te odio! —gritó Vanessa y le aventó la puerta. Diego contuvo la puerta y trató de alcanzarla, la tomó del brazo y ella se dejó caer, luego comenzó a gritar:

—¡Me tiraste! ¡Me tiraste! —mientras pedía auxilio a su madre.

—Adiós, yo ya no puedo —fueron las últimas palabras de Diego. Aquel día Diego supo que había recibido su primer y único golpe.

▌▌ VIOLENCIA[1]

La violencia se define como un acto intencional que puede ser único o recurrente y cíclico, dirigido a dominar, controlar, agredir o lastimar a otra persona. Por lo general es ejercida por las personas de mayor jerarquía, es decir, las que tienen el poder en una relación, como son: el padre y/o la madre sobre los hijos, los jefes sobre los empleados, los hombres sobre las mujeres, los hombres sobre otros hombres y las mujeres sobre otras mujeres, pero también se puede ejercer sobre objetos, animales o contra el propio individuo.

La violencia inhibe el desarrollo de las personas y puede causar daños irreversibles. Cuando se habla de violencia lo primero que viene a la mente es el maltrato físico, sin embargo, la violencia también puede ser emocional o psicológica. Este tipo de violencia, cuya frecuencia es muy alta, es la más difícil de identificar.

La violencia adopta diferentes maneras de expresión que pueden abarcar desde una ofensa verbal hasta el homicidio. En términos generales, existen cinco tipos de violencia que no son mutuamente excluyentes, es decir, se puede manifestar más de un tipo al mismo tiempo, de diversas maneras y en diferentes esferas, tanto de la vida pública como privada.

▶▶| 15% de los jóvenes han experimentado al menos un incidente de violencia física en la relación de noviazgo que tenían al momento de la Encuesta Nacional de Violencia en el Noviazgo 2007 (Envinov).[2]

▶▶| 16.4% de los incidentes de violencia suceden en zonas urbanas y 13.2% en el ámbito rural.[3]

▶▶| Desde una perspectiva de género, la mayor proporción de personas receptoras de violencia física son las mujeres en un 61.4%, en comparación con los hombres con una representatividad del 46%.[4]

---

[1] Campaña "Amor es sin violencia" para la prevención de noviazgos violentos.
[2] Envinov 2007.
[3] Envinov 2007.
[4] Envinov 2007.

▶ Cuando hay violencia en la relación de noviazgo lo que se busca es el control, quién va a tener el control sobre el otro. Hay muchas veces en que las mujeres, con tal de no ser víctimas, prefieren ser abusadoras. La víctima tiene que poner los límites y decirle que tiene el poder de decisión de darle la vuelta a la página, de terminar con esa relación amorosa. Hay hombres que son víctimas y se tiene que romper el estereotipo de que el hombre es el fuerte. Es tiempo de hablar con la verdad sin seccionar los géneros.

Priscila Vera Hernández
Directora del Instituto Mexicano de la Juventud

No seas nenita, no te va a doler

——No seas nenita, no te va a doler —Raúl le insistía a Nancy cuando ella se negaba a tener sexo anal. Ella pedía que parara porque la lastimaba. Ante el reclamo, se enojaba y se alejaba abruptamente:

—¡Entonces no quiero nada! —gritaba mientras se vestía y la dejaba tendida y sofocada por el rechazo.

Raúl siempre la hizo sentir diminuta porque "él siempre tenía la razón". Nancy así lo creyó durante mucho tiempo.

Chilanga de nacimiento, de 1.50 metros de estatura y complexión delgada, Nancy estudiaba en una preparatoria de clase media alta en la colonia Del Valle. Ahí lo conoció. Ella tenía 15 años y él 13 y medio, pero Raúl no aparentaba su edad. Siempre fue más grande y fuerte.

Se conocieron en la clase de dibujo técnico y se hicieron novios. Pasó un año sin mayores contratiempos, aunque ya había signos de que las cosas empezaban a perturbarse. A él le molestaba que ella tuviera amigos y cuando ella salía con ellos la llamaba dos o tres veces al celular. La mantenía en la línea al menos una hora, tiempo que pasaban discutiendo.

Luego vinieron los chantajes.

—No es posible que quieras más a ese idiota que a mí —alegaba Raúl por teléfono mientras se refería a uno de los amigos de Nancy.

> **¿Has hecho algo que te duele por complacer a alguien que amas?**
> ❏ Sí.
> ❏ No.

—¿En qué momento te dije eso? ¡Yo jamás dije eso!

—Me voy a suicidar. Tengo un pie afuera de la ventana y vas a ver que me voy a aventar.

—¿Sabes qué? Te voy a colgar.

—Nooo. Me cuelgas y me aviento ahoritita mismo. Me voy a aventar.

Nancy se mantenía en la línea temerosa de que él cumpliera su palabra. De pronto, escuchó a la madre de Raúl regañarlo.

—¡No te creas un machito! —gritaba la madre de Raúl.

Cuando Nancy supo que no estaba solo tuvo el valor de colgar.

En su relación no faltaron los gritos. En la calle o en la escuela, Raúl aprovechaba para imponerse con ella.

—¡Eres una pendeja, chinga a tu madre!

Nancy no respondía, se avergonzaba al saber que todos la miraban y al mismo tiempo la atormentaba ser incapaz de irse. Se quedaba porque creía que tenía que estar ahí.

Raúl la hacía sentir culpable y ella siempre terminaba disculpándose. Al cortar su relación, volvían. Ella no dejaba de buscarlo y disfrutaba cuando él lo hacía.

Cuando llevaban dos años de noviazgo, Nancy terminó una vez más con Raúl. A los dos días coincidieron en un evento de la escuela realizado en la calle. Él traía unas cervezas encima y comenzó a reclamarle:

—Tú sabes que eres el amor de mi vida y que eres mi chaparrita. Quiero regresar contigo.

—No voy a regresar contigo.

—¿Ah, no vas a regresar conmigo? —retaba Raúl a Nancy mientras la aventaba con fuerza una y otra vez.

—Tranquilo… —le pedía Nancy cada vez con más miedo.

—No me digas que me tranquilice… —se alteraba más y volvía a empujarla cada vez con más fuerza.

—Ten calma, tranquilo —suplicaba ella.

—Ahorita vas a ver, me voy a matar —amenazaba mientras se bajaba a la avenida—. Ahorita que venga un pinche carro me voy a aventar —gritaba alterado, luego comenzaba a golpearse con lo que tuviera al alcance.

Nancy no quería quedarse con él por temor a que le hiciera algo, pero tampoco podía dejarlo solo, por eso trató de calmarlo, pero Raúl se enfureció de tal manera que consiguió arrojarla al suelo.

—¡Chinga a tu madre! —exclamaba enloquecido.

Nancy cerró los ojos de vergüenza y sintió que una ola de calor la recorría. No recuerda que le haya dolido, pero la sensación se extendía en todo su cuerpo mientras pensaba: "No es posible que me haya pegado".

Abrió los ojos, y frente a ella Raúl bufaba.

Unos compañeros levantaron a Nancy del suelo y se la llevaron, ella no paraba de llorar. Raúl la llamó al celular insistentemente y después de varios rechazos ella contestó.

—Te fuiste sin avisarme. Todo lo que te hice es porque te lo mereces.

—¿Por qué? ¿Qué fue lo que hice? ¿Cómo me voy a merecer eso? Estás loquísimo. ¡Me pegaste! ¿Qué te pasa?

Él lo negó todo. Días después Raúl llegó con una carta y reanudaron el noviazgo.

—Yo estaba súper enojada conmigo porque no lo podía dejar —comenta Nancy en la entrevista—. Se me hacía imposible dejarlo. "No voy a salir de esto", pensaba, siempre era volver, volver y volver. "Voy a regresar con él y no voy a salir de esto."

Ella se acostumbró a esa sensación de menoscabo y su depresión fue mayor que sus problemas con Raúl, por lo que empezó a descuidar su persona y dejó de importarle la escuela. Perdió todo un año escolar.

Las cosas entre Raúl y Nancy podían ser muy conflictivas, pero aun así disfrutaron de una vida sexual muy activa. Ella ponía algunos peros sobre algunas cosas y él la animaba. Alguna vez, Raúl invitó a Nancy a su casa porque podrían estar solos. Los esperaba una pipa de mariguana. Ella accedió a probarla.

Nancy vio salir burbujas de una canción. Todo le comenzó a dar risa hasta que se perdió. Raúl aprovechó ese momento para que ella se dejara hacer todo lo que se había negado a experimentar cuando la lastimaba por su agresividad.

Cuando comenzaron a tener relaciones sexuales ella no se protegía y él sí. En alguno de sus encuentros, Raúl la convenció de hacerlo sin condón. A partir de ahí, durante un año y medio tuvieron relaciones sexuales sin cuidarse. Ella se preocupaba porque sólo tenía 15 años y no quería quedar embarazada. Raúl le daba Gynovin en una toma cuádruple para ingerirla como anticonceptivo de emergencia. Eso significaba cuatro pastillas en las primeras 72 horas de haber tenido la relación sexual y otras cuatro a las 24 horas siguientes. Nancy y Raúl tenían relaciones de dos a tres veces por semana, por lo que ella consumía entre 16 y 24 pastillas semanalmente.

El consumo desproporcionado de hormonas le ocasionó a Nancy alteraciones que trajeron consigo sobrepeso, dolores premenstruales durante dos semanas, periodos de 15 días y un quiste fibroso en el seno. Al día de hoy tiene secuelas por el exceso de hormonas consumidas.

Con todo, Nancy quedó embarazada. Le habló por teléfono a Raúl y le explicó la situación.

—Ahorita te marco —dijo él y colgó.

La siguiente llamada la contestó la madre de Raúl. Le dijo que no podían tener a ese bebé y que conocía a un doctor que podría ayudarlos. La charla transcurrió entre peros, razones y justificaciones. Nancy colgó y volvió a llamar a Raúl. La respuesta fue la misma pero con una petición:

—Yo creo que después de esto… ya hay que dejarnos de hablar y de ver.

Finalmente, optó por practicarse un aborto aunque no quería hacerlo. Se sentía destrozada, pero el doctor le dio un poco de consuelo: el embarazo no hubiera podido continuar. Las paredes de su matriz estaban muy lastimadas por el excesivo consumo de anticonceptivos.

Raúl ingresó a la UNAM, pero ahora atiende un local comercial en el Aeropuerto Internacional de la Ciudad de México.

Nancy, en recuperación del asfixiante noviazgo, trata de aprender la lección:

"Nunca me voy a volver a dejar. Sé perfectamente cómo empieza y qué es lo que sigue."

ABUSO SEXUAL[5]

Es cuando, sin el consentimiento de la persona, se realiza con ella un acto sexual, se le obliga a participar u observar, con o sin el fin de llegar a la cópula. Este delito es castigado con uno o hasta con seis años de prisión.

▶▶| 99.2% de los jóvenes entrevistados en la Encuesta Nacional de Violencia en el Noviazgo conoce o ha oído hablar de los métodos anticonceptivos.[6]

▶▶| El lugar en donde reciben información sobre métodos anticonceptivos es:

86.5% en la escuela.

21.3% por los amigos.

15.5% en alguna institución.[7]

▶▶| 43% del total de la población consultada para la Envinov ha tenido relaciones sexuales con una o varias personas, de dicho porcentaje el 77% utilizó un método anticonceptivo.[8]

▶▶| Métodos anticonceptivos más utilizados:

94.6% condón.

27.2% pastillas.

24% coito interrumpido.[9]

▶ No estamos acostumbrados a mirar la violencia y además también la tenemos en nuestro entorno. Creemos que está sólo en el golpe. Viene desde todo esta situación de control unido con el aspecto amoroso.

Luciana Ramos

Investigadora de la Dirección de Investigaciones Epidemiológicas y Psicosociales del Instituto Nacional de Psiquiatría Dr. Ramón de la Fuente Muñiz

---

[5] Delitos contra la libertad, la seguridad sexual y el normal desarrollo sexual, Inmujeres.

[6] Envinov 2007.

[7] Envinov 2007.

[8] Envinov 2007.

[9] Envinov 2007.

▶ La coerción sexual abarca un continuo de prácticas que incluyen desde una presión psicológica sutil y el uso del lenguaje hasta el empleo de agresión física para obtener un encuentro sexual. Esta forma de violencia puede llegar a generar grandes problemas en las áreas de la salud mental y sexual-reproductiva.

Revista *Salud Mental*,
Vol. 31, núm. 1, enero-febrero de 2008

Veneno para gato

Subir a ese juego mecánico con Mariana fue un riesgo para Miguel y él lo sabía. Su amor era así: de largas y rápidas pendientes que le arrancaban el estómago, y subidas montañosas donde encontraba un poco de respiro. Luego giros inesperados.

Era un sábado 14 de julio de 2007. Miguel estaba emocionado y sorprendido de durar tanto con una mujer a sus 24 años. Su única relación larga había sido apenas de nueve meses. Deseaba abrazar fuertemente a Mariana y decirle, mirándole sus ojos miel, que amarla era una larga costumbre.

Esa tarde nublada cumplían tres años de novios. Tenían planeado ir a Six Flags y divertirse como un par de adolescentes. Miguel en su cartera de piel sintética tenía 400 pesos, justa cantidad para pagar las entradas. Mariana se haría cargo de la comida y de las sodas italianas. El Focus gris de Miguel se detuvo en avenida Revolución y Barranca del Muerto para cargar un poco de gasolina. Todo iba normal hasta que el despachador avisó que el auto no tenía anticongelante. Miguel tuvo que comprarlo. Segundos después, vio el suelo pensando qué haría con los 120 pesos que le quedaban. Mientras escuchaban la radio, Mariana empezó a desesperarse y decía continuamente que ya quería llegar, que

> **¿Alguna vez te han dicho: "Si me dejas me mato"?**
> ❏ Sí.
> ❏ No.

fuera más rápido. Casi una hora después ingresaron al parque de diversiones, con un pequeño préstamo que Miguel obtuvo de su chica.

Para su mala fortuna comenzó a lloviznar y varios juegos tuvieron que cerrar. Su frustración crecía con los desplantes de Mariana: se formaban por largos y lentos minutos y al final ella desistía subir al juego.

Para las cuatro de la tarde, Mariana le sugirió a Miguel ir a comer porque sus tripas comenzaban a crujir. A pesar de ser su novia, Miguel sintió una desconfianza inquietante, tenía pena de decirle que no tenía dinero y que sólo la acompañaría. Mariana sabía cómo manejar la situación. Ahora ella tenía el poder. Sacó su tarjeta de crédito y le pasó su clave para que sacara el dinero. Le dijo a Miguel que no se preocupara, que quitara esa cara de niño regañado. Se hizo un silencio impreciso. Por un instante, Miguel miró los labios carnosos de Mariana como si no los conociera y le resultaron atractivos.

Al salir del cajero, Miguel dobló de forma triangular los billetes y los guardó en su cartera. A Mariana no le pareció bien que maltratara su dinero y empezó con una serie de reclamos que subieron de tono. Miguel de inmediato la soltó de la mano y le dijo:

—Basta, deja me calmo.

—¡¡Te calmas, la chingada!! —le gritó Mariana con una potencia que ninguno de los dos hubiera creído capaz. Dio media vuelta y se perdió entre la gente.

Miguel, con extrañeza, miró cómo su chica se iba alejando.

Segundos más tarde, le marcó a su celular pero ella no contestó. Miguel seguía insistiendo, desesperado, preocupado porque ella no tenía dinero para moverse. Por fin entró la llamada. Miguel, con el corazón acelerado, buscó a Mariana, que se encontraba sentada en una banquita cerca del Carrusel.

Le pidió una vez más que ya no hiciera sus "panchitos" y menos en un día tan especial. Y sin más le extendió el montón de billetes. El rostro blanco de Mariana comenzó a cambiar y se puso de un rojo infernal. En un movimiento le arrebató el dinero y soltó varios dardos filosos de su boca:

—Voy a comprar algo y si quieres tragar cómprate lo tuyo… Ten, idiota, a ti te hace más falta que a mí.

Sin titubear, le arrojó con desprecio un billete de 200 pesos a la cara.

Miguel se sintió como una cucaracha aplastada. Lloró de tristeza y de coraje. Nadie lo había humillado así, se quedó pasmado. Mariana era su amor, el más dulce y el más amargo.

—No me hagas esto, por favor… Mariana, sabes que eres mi adoración, hoy no, por favor… —Miguel le suplicaba desconsolado. Veía cómo a su tercer aniversario lo arruinaba su escorpión venenoso.

Miguel conocía los antecedentes amorosos de su chica, pero no les dio importancia. Un ex novio de Mariana trató de suicidarse en un puente peatonal de la calzada Ignacio Zaragoza, quiso saltar por los desaires de la mujer escorpión. En el mundo del horóscopo, los escorpiones son explosivos y consiguen todo lo que se proponen con relativa facilidad. Son carismáticos y no les gusta que les ordenen. Así era aquella joven esbelta, de lentes de pasta y ojos miel. El gesto de su cara blanca tenía un leve aire de arrogancia.

Mariana llegó al corazón de Miguel con una frase:

—Tú me gustas para novio y mereces ser feliz.

Miguel sintió de repente que una gran luz cubría su cuerpo, no esperaba tanto resplandor. Cursaban el segundo semestre de Administración Industrial en la Unidad Profesional Interdisciplinaria de Ingeniería y Ciencias Sociales y Administrativas (UPIICSA).

Miguel tenía poco tiempo de haber terminado una relación y no le interesaba una chica formal sino "amigas cariñosas". Pero hubo algo en

Mariana que lo hipnotizó. Fue todo el fuego del sol en un parpadeo. Tenían un sexo magnífico, intenso. Miguel penetraba a Mariana tan suave y sencillo que resultaba casi irreal. Lo hacían casi siempre en la casa de Miguel, que vivía por la Cabeza de Juárez, Iztapalapa. Aprovechaba que su mamá trabajaba todo el día en la Sagarpa, y que no tenía papá ni hermanos.

Miguel no sabía si le encantaban más esos detalles de Mariana, sus cartas llenas de ternura e ilusión o cuando le decía "mi bebecito precioso". Miguel se percató que ordenaba su destino, que caían en su jardín dones del cielo.

La felicidad no es para siempre y a Miguel le duró muy poco. Mariana comenzó a celarlo con sus amigos, se ponía histérica cuando llegaba cinco minutos tarde a una cita, siempre le decía:

—Eres un estúpido, ¿dónde andabas, idiota?, para la otra me voy a ir con el primero que vea.

Miguel era muy sensible y se ponía a llorar. No soportaba escuchar sus insultos feroces, veía cómo le salían gusanos cada vez que abría la boca.

Hubo un tiempo en que todo eran peleas. Y casi siempre por el factor monetario. Mariana le reclamaba a Miguel por no tener recursos suficientes, tarjetas de crédito, ropa de marca, visitas a los antros de moda. Al principio compartían gastos, pero se volvió una costumbre que Miguel pagara todo. Diario buscaba la forma de llevar dinero a su cartera, le inventaba a su mamá gastos escolares para comprarle regalitos a su amada.

Llegó el 28 de octubre, cumpleaños de Mariana, y Miguel, como la mayoría de los universitarios, no tenía dinero. Tuvo que vender su laptop para llevarla a comer al Mohelli de Coyoacán, le compró un gran ramo de girasoles —sus flores favoritas—, y caminaron juntos por el barrio de Santa Catarina. Por fin había momentos de dulzura. Consiguió tranquilizar a Mariana, que horas antes había discutido con sus papás, su pasatiempo favorito.

Dos días después, Miguel explotó contra su "nena", la maldijo para siempre. Se sentía raro porque nunca tenía malos pensamientos contra ella. Descubrió en la papelera del correo electrónico de Mariana una carta dirigida a su ex novio Anderson: "No sé por qué no me llamaste en mi cumpleaños, pensé mucho en ti, ¿sabes? Estuve muy triste ese día y ni siquiera me la pasé bien. Te mando muchos besos como los que te gustan".

Miguel imprimió la carta infame y la esperó afuera de su trabajo, cerca del aeropuerto capitalino. Tenía una cara de decepción y coraje. Mariana pronto se dio cuenta de que las cosas no marchaban bien…

—Te noto raro, qué tienes, ¿pasa algo? —preguntó Mariana un poco intrigada al momento de subir al microbús.

—Dime qué buscas con esto, qué poca madre tienes. Hasta eres tonta porque no lo borraste —Miguel le extendió la hoja y en segundos tocó el timbre y se bajó del micro. La creyó sepultada para siempre de su vida.

Sin embargo, le bastaron unos besitos a Mariana para que la perdonara. Los amigos de Miguel se aburrían de él, de su mismo discurso cursi. Le decían:

—Ya mándala a la verga, es sólo una chavita wannabie, una fresa naca, no te mereces eso.

Pero Miguel siempre la puso en un altar. Siempre se repetía como una oración religiosa:

—Mariana, no nací para perderte.

Era tanto el amor de Miguel que le regaló un anillo de compromiso. Dicen que el amor es idolatría, endiosar a una criatura. Así veía a Mariana. Pensó que ese detalle los uniría para toda la vida. Ahorró dinero durante tres meses, evitó las borracheras con sus amigos. La llevó al Monte de Piedad del Centro Histórico para que lo escogiera y no hubiera problemas. El anillo era de oro de 14 kilates, con una pequeña piedra brillante. Le costó 1 900 pesos.

Miguel preparó una cena especial en su casa para dárselo, aprovechando que su mamá se iba de congreso a Puerto Vallarta. La pequeña casa estaba alumbrada por diminutas velas y en su cuarto había sábanas blancas y pétalos de rosas. La escena perfecta para los amantes perfectos. En un hermoso tulipán puso el anillo y sus ilusiones. Tal vez a Mariana le entró pánico o simplemente quiso arruinar la noche.

—Quédate con tu anillo de fantasía, yo no quiero estar comprometida, eres un perdedor, ya no te quiero. Recuérdalo siempre, yo no soy tu mercancía —Mariana salió de la casa y tomó un taxi.

Miguel se quedó solo y desconsolado.

No sólo tenía que soportar humillaciones, pronto llegarían los golpes. La primera vez que Mariana le pegó fue en el auto de su mamá. Salían del cine y por no reírse de un chiste malo, lo cacheteó en un acto de locura…

—Oye, nena, qué te pasa por qué me pegas, nunca te he agredido. Eres una idiota —fue también la primera vez que la insultaba.

Las agresiones subieron un poco más. Miguel estaba jugueteando con Mariana en el jardín de su casa y pisó sus tenis nuevos, les dio el "remojo". En un arranque de ira Mariana se lanzó contra el cuerpo de Miguel y lo empezó a rasguñar en la cara como un gato traicionero, lo jaló de los cabellos con tanta fuerza que vio sus dientes afilados. Miguel se percató de que le escurría sangre de las mejillas, veía pequeños puntitos rojos sobre el suelo gris…

—¡Cálmate, Mariana, estás tonta!

Empezó a forcejear, pero ella seguía con su furia animal, como poseída por el diablo. Comenzó a morderle de forma desesperada los brazos y luego le soltó varias patadas en las espinillas. Notó que Mariana estaba muy agitada y que a pesar de eso nunca se iba a cansar, hasta que le dio un fuerte empujón.

—¡Estás idiota! Es la última vez que me tocas, es la última vez que me haces esto. Una vieja de la Merced tiene más corazón que tú, maldita zorra. ¡Te odio! —Miguel le gritó sin piedad mientras se tocaba el rostro ensangrentado.

Al volver a su casa, Miguel deseaba que su "nena" le llamara por teléfono y le pidiera disculpas, y eso pasó.

—Perdóname, mi amor, no sé qué me pasó, lo siento de verdad —Miguel escuchaba esa vocecita inocente. Mariana era una súper actriz.

—Oye, dime una cosa, ya no me vas a pegar, ¿verdad? —le preguntó ingenuamente Miguel.

—No, mi amor, ya no. Pero yo creo que tú tienes la culpa por no controlarme, cuando me ponga así, sólo abrázame.

Miguel duró tres años y medio con Mariana. Llegó un momento en que pensó que no servía para nada: se retrasó en la escuela, con su mamá no tenía una buena relación y con su novia casi siempre había discusiones. Su autoestima estaba por los suelos. Bastaba una frase de Mariana para saltar al abismo.

Un día cualquiera, Mariana le advirtió a Miguel:

—Nunca voy a dejar a mis amigos por ti.

Esas palabras le partieron el alma. Llegó a su casa con una angustia contenida. Sentía que nadie lo comprendía. Nada lo podía consolar. Se sentó en el sillón viejo de pana café y prendió la televisión para quitarse de la cabeza la voz amarga de su chica. Retándose a sí mismo, se dirigió a la cocina y buscó el veneno para gato que el novio de su mamá había comprado para matar a esos animales sucios que defecaban en el patio. Disolvió varias cucharadas en un vaso con agua y en tres sorbos se lo tomó. En pocos segundos su cuerpo ardía por dentro. Inmediatamente, Miguel comenzó a quitarse la sudadera y la camisa, se jalaba los cabellos con una fuerza demencial. Alcanzó a escuchar un leve sonido de su celular, contestó, y era Mariana. No pudo oír lo que decía y se derrumbó.

Miguel se arrastraba como un perro herido y gritaba desesperadamente pidiendo ayuda. Sentía cosquilleos constantes en su cabeza, como si una plaga de hormigas saliera de sus ojos y de sus oídos. Con la fuerza que le restaba, Miguel pudo alcanzar el patio y lanzó sus últimos gritos de dolor. Mientras se revolcaba, se percató de que le salía espuma blanca de la boca y sus piernas temblaban sin descanso. Ya no podía ver nada, su vista era la de un anciano. Quedó inconsciente.

Su vecinito Omar, de 13 años, le salvó la vida. Se saltó la barda de la casa y llamó a urgencias. Los paramédicos del ERUM lo trasladaron a la clínica La Guadalupana, donde le realizaron un lavado de estómago con carbón activado para eliminar el veneno que invadió su cuerpo.

Dos horas después despertó acostado en una camilla, volteó sin querer y vio un rostro que se parecía al de su madre. Le preguntó dónde estaba Mariana, quería saber algo de ella. Su mamá sólo movía la cabeza con desagrado.

Sin titubear, le pidió que le prometiera que nunca más la volvería a ver. Miguel guardó silencio. Sólo quería aliviarse pronto para ir buscarla, pero encontró reproches:

—Por tu culpa, tu familia ya no me quiere.

Miguel se cubrió de una tristeza desabrida.

El cuerpo y la mente de Miguel estaban desgastados. Le reprochaba a Mariana su actitud histérica.

—No porque seas mujer tienes derecho a pegarme —le decía sin resultados.

La última vez que vio a su novia escorpión fue en diciembre pasado, cuando le dio una crisis nerviosa en la avenida Boulevard Puerto Aéreo.

Era viernes de quincena y tenía que pasar por ella a su trabajo. Había un tráfico insufrible en la ciudad por las fiestas navideñas. No quería que Mariana lo insultara otra vez por llegar tarde, pero los autos de enfrente no avanzaban. La boca se le secó dejándole un aliento amargo, tal vez era la resaca de la salmonelosis que le dio semanas antes por comer unos pescuezos rostizados.

Por fin llegó con Mariana y al regreso empezaron los reclamos. Su voz chillante provocó que a Miguel le sudaran las manos al volante. Le pidió que se tranquilizara, pero el enfado de su novia era incontrolable. Miguel no sentía las piernas, perdía el movimiento poco a poco. Sólo se movían sus ojos saltones. La lengua se le hinchó y no podía hablar. Mariana llamó alterada a una ambulancia de la Cruz Roja, pensó que Miguel se ahogaba en un respiro. Estaban tan asustados que no se dieron cuenta cuando llegaron los paramédicos. En el auto lograron relajarlo, respiró profundamente y en minutos comenzó a recuperar el movimiento. Volteó a ver a Mariana con mucho coraje…

—Por qué te pones así, Miguel, qué te pasa, no me hagas esto —protestó Mariana indignada.

—Son tus berrinches, estoy harto de que me grites, estoy cansado de seguir así —le contestó muy cerca de su rostro exageradamente maquillado.

—Haz lo que quieras… Ya llévame a mi casa, estúpido —reviró enojada Mariana, mientras masticaba un chicle de menta.

—Lo mejor es terminar, tu presencia me enferma.

—¿Eso es lo que quieres?, ¿estás seguro? —Mariana le preguntó en un tono desafiante—. Siempre me vas a necesitar…

—¡Ya no me molestes! Los golpes que me diste nunca los voy a olvidar, espero que nunca te agredan. Si en la calle me ves, no te conozco. ¡Ahora bájate de mi carro, perra desgraciada!

Miguel aceleró y vio por el retrovisor a Mariana, que se alejaba poco a poco. Le pareció un poco gorda.

▌▌ MITOS SOBRE LA VIOLENCIA EN EL NOVIAZGO[10] (I)

"Cuando una mujer es golpeada por su novio, es porque seguramente ella misma lo habrá provocado de alguna manera."

Nadie merece que le peguen. Ya sea que hubiera o no una provocación, la violencia siempre es un error. Nunca resuelve los problemas, aunque algunas veces silencia a la víctima.

"La mujeres que permanecen en una relación abusiva, es porque disfrutan de ser abusadas."

A las mujeres que están en una relación en la que abusan de ellas no les gusta esta situación. La mayoría de las víctimas tratan de mejorar su relación en lugar de terminarla. En particular, las jóvenes adolescentes sienten mucha presión social para mantenerse con estas parejas, presión derivada de la creencia de que es mejor tener un "mal" novio que no tener ninguno.

"Los hombres tienen el derecho de esperar favores sexuales si ellos pagan cuando salen con su pareja o si tienen una relación que ya ha durado mucho tiempo."

Este mito es particularmente frecuente entre los adolescentes. De hecho, es inadmisible que los hombres esperen favores sexuales a cambio de que realicen un gasto. Tampoco una relación que ha durado mucho tiempo tiene que esperar relaciones sexuales. Es necesario mencionar que las relaciones sexuales tienen que ser voluntarias y ambos miembros de la pareja tienen que estar de acuerdo con ello cuando estén listos.

"Quizás las cosas irán mejor."

Una vez que empieza la violencia en las relaciones de noviazgo, generalmente se vuelve peor si no hay una intervención de algún tipo. El esperar y creer que la pareja cambiará no es una buena estrategia. Las parejas en relaciones abusivas necesitan ayuda para romper este patrón.

---

[10] Información proporcionada por el Imjuve.

"Te puedo decir si un tipo es un golpeador, sólo al mirarlo."
Los abusadores vienen en todos tamaños y modelos. No responden al estereotipo musculoso que difunden los medios de comunicación. Ellos están en el salón de clases, en las fiestas o viven en la casa de junto.

▶▶| Los jóvenes viven los cuatro tipos de violencia en diferentes grados:[11]

41% de las mujeres sufren violencia psicológica mientras que los hombres 39.5%.

23.2% de las mujeres sufren violencia económica, los hombres 18.6%.

27.3% de las mujeres sufren violencia física, en tanto los hombres 30.4%.

11.5% de las mujeres sufren violencia sexual, mientras los hombres 8.5%.

▶▶| De los jóvenes que han sufrido violencia física:

62.5% ha recurrido a alguna persona en busca de ayuda. De los cuales: 734 634 son hombres (66%) y 392 291 son mujeres (34%).

El porcentaje anterior se desglosa de la siguiente manera:

33% ha recurrido a los amigos.

9.2% ha recurrido a otros familiares.

14% ha recurrido a su madre.[12]

▶ El 75% de las mujeres piensan que en su relación de noviazgo el hombre tiene que pagar todo. Entonces dónde está la equidad. Hago mucho énfasis en esto porque finalmente las madres son las que más pesan en la educación de los propios hijos.

Priscila Vera Hernández
Directora del Instituto Mexicano de la Juventud

---

[11] Datos proporcionados por el Imjuve.
[12] Envinov 2007.

▶ Existen fenómenos para que la violencia perdure como la "idealización y doble moralidad", ya que en muchas ocasiones tanto la víctima como el agresor tienden a confrontar los hechos denigrantes con las ideas de carácter tradicional. La finalidad es negar lo malo y resaltar lo bueno, haciendo jugar valores como la familia, la gratitud, la fidelidad, el sacrificio, el perdón, etcétera, y ésa es una de las formas de ocultar la violencia.

Si tenemos como fin común lograr la plena igualdad, tenemos que erradicar la violencia, no únicamente física, patrimonial, sexual, económica, etcétera. Tenemos que entrarle a la emocional, a la verbal, a la violencia psicológica por omisión o pasiva… Para mí, el futuro ideal tendría que ser un mundo en pleno reconocimiento de los derechos humanos, de los más elementales: igualdad, la libertad y dignidad de las personas. Lograr que esa igualdad ya sea una actitud normal.

Ricardo Ruiz Carbonell

Director de Enlace y Seguimiento de la Fiscalía Especial para Delitos de Violencia contra las Mujeres y Trata de Personas de la PGR

Su rostro me persigue

Antes de morir, el papá de Fernanda le suplicó que dejara a Daniel. Su vocecita áspera le pidió que huyera de los brazos de su novio.

—Prométeme que en tu vida no va a estar ese cabrón —ésas fueron las últimas palabras que escuchó de su héroe eterno, el más fuerte, el invencible. De la nada le aparecieron unos tumores cancerosos en el pecho. Su cuerpo no aguantó el dolor quemante que le provocaron las quimioterapias. De un momento a otro se lo tragaría la tierra. Fernanda tenía 22 años y se sentía la mujer más sola del mundo. Su madre y sus hermanos eran fantasmas en su vida. Sin embargo, el rostro moreno de Daniel estaba siempre en su mente. Sólo una vez esa cara fea le pareció irreconocible…

Fue una noche de abril cuando sus amigos de la universidad organizaron una fiesta para recordar "viejos tiempos". Fernanda reía sin respiro, encontraba por fin momentos luminosos en su vida gris y antisocial. Se escuchaba de fondo música poderosa, algo de Metallica, quizá. Daniel se notaba incómodo, fuera de lugar. Se entretenía bebiendo cerveza y fumando sus Marlboro blancos. No dejaba de mirar con desagrado cómo los amigos de Fernanda divertían a su novia. Minutos más tarde, fue al

Los golpes que recibes te han dejado...

❏ Marcas.

❏ Moretones.

❏ Sangre.

❏ Heridas.

❏ Cicatrices.

❏ En el hospital.

baño a refrescar su boca pastosa, por un rato vio sus dientes amarillentos en el espejo. Sintió asco. Cuando regresó a la sala de la casa ya no vio a Fernanda. Preguntó ansioso dónde estaba pero nadie le hizo caso. Daniel empezó a recorrer rápidamente la estancia y el comedor. Salió al jardín pero su búsqueda parecía no tener fin. Subió corriendo las escaleras ante las miradas incómodas de varios universitarios. Daniel sintió un poco de sudor en su cuerpo al momento de abrir una de las tres habitaciones. De inmediato reconoció las piernas blancas de Fernanda, que se asomaban de aquella minifalda negra que tanto le gustaba. Se acercó a la cama donde la encontró profundamente dormida. La despertó alterado con unos golpecitos en las mejillas. Fernanda tardó en reconocer el rostro duro de Daniel. El cuarto estaba casi oscuro y olía suavemente a cigarro. Las manos maltratadas de Daniel tocaron rápidamente los muslos tibios de Fernanda. Ella en un movimiento se sentó y cerró sus piernas largas.

—Qué te pasa, Fer, estamos solos, tranquila, nadie nos va a ver —Daniel era despreciable sin siquiera proponérselo.

—Hoy no quiero, déjame dormir un rato, ahorita bajo...

Daniel empezó a insistir. La tomó de los cabellos y la besó con una sonrisa altanera. Empezaron a forcejear pero el cuerpo fuerte de Daniel no daba señales de debilidad. Los movimientos de Fernanda eran inútiles. Sus ojos verdes lo miraban suplicantes.

Daniel se disparó contra ella. Le propinó varias bofetadas. En un instante, Fernanda vio descuadrada la cara de Daniel. Sólo escuchó que le gritaba:

—Si bien que te gusta coger, no te hagas pendeja.

La energía de su furia era lo que dominaba.

Fernanda se perdió entre sus lágrimas. Su cuerpo empezó a quedárse-le insensible. Minutos más tarde, se alejó del pecho pegajoso de Daniel, mientras sentía un escalofrío en sus brazos. Tenía la extraña impresión de no saber en qué posición le habían quedado las piernas. Daniel le ordenó que se levantara y dejara de lloriquear, sonrió de un modo que a Fernanda le pareció siniestro. La impaciencia de Daniel no esperó. La jaló de los cabellos y la llevó hasta la entrada del cuarto. La arrastró rápidamente por las escaleras sin soltarla ante la incredulidad de los invitados. Llegaron sin problemas a la puerta principal y avanzaron unos cuantos metros por la calle.

Eran las dos de la mañana, la luna apenas se asomaba y ofrecía un brillo tenue. Al llegar al corredor de la calle 28 de Octubre, Daniel la estampó contra la pared. Casi en ese instante sonó el celular de Fernanda, pero él se lo arrebató y lo estrelló contra el piso. Nuevamente la tomó de su pelo liso y la obligó a que se hincara. Fernanda quiso defenderse pero la furia de Daniel iba en aumento. Automáticamente, Daniel le dio una patada en el estómago y continuaron decenas en todo su cuerpo. La rabia invadió a Fernanda, pero conforme los golpes iban subiendo de intensidad, sintió un miedo terrible. Cada vez que recibía otro golpe quería irse pero no sabía cómo. Fernanda se percató de que el tiempo se hacía lento, no podía respirar. Sentía una angustia nueva que le apretaba el estómago. Daniel era un toro, no se cansaba de lanzar puñetazos rápidos y feroces.

En segundos, el rostro atractivo de Fernanda se manchó de sangre, era de un rojo brillante. Daniel olvidó sus movimientos monótonos y comenzó a estrangular a su novia con la que llevaba 10 años. Se escuchó un ruido sordo. Cuando Daniel volteó, un señor que pasaba por la banqueta impidió que siguiera maltratando aquel cuerpo inmóvil. Fernanda vivió el momento más largo de su vida. Pensó que iba a morir. Sus amigos llegaron demasiado tarde. Daniel aprovechó la atención inmediata que recibió Fernanda para huir de la colonia San Sebastián, Toluca, en el Estado de México.

Jorge, el mejor amigo de Fernanda, la ayudó a que se incorporara poco a poco ante las miradas de desconcierto. Tomaron un taxi que milagrosamente apareció en el lugar. Fernanda no podía caminar, su cuerpo temblaba y su vista estaba fuera de foco. Su blusa gris ensangrentada alertó al chofer, que de inmediato aceleró su Pointer guinda-oro. Fernanda entró a la estancia de su casa pero no estaban ni su mamá ni sus hermanos. Se zafó los tacones negros y caminó a ciegas apoyándose en la pared hasta llegar a su cuarto. Casi desmaya por su esfuerzo animal, se derrumbó como muñeca de trapo sobre la alfombra desgastada. Lloró en silencio con los ojos fuertemente cerrados en una expresión de dolor.

Al poco tiempo, su hermano y su primo la encontraron con un mal aspecto. Su hermano soltó un grito desesperado:

—A ese güey lo voy a matar —y salió corriendo junto con su primo en busca de Daniel. Nunca lo encontraron.

Media hora después, Fernanda rindió su declaración ante la Agencia del Ministerio Público Central de Toluca. Todo fue incómodo para ella. Le preguntaron cosas inútiles: cómo te sientes, cuántas cervezas te tomaste, cada cuándo, era clara u oscura, tú lo provocaste o él te provocó. No quisieron ver que estaba golpeada y la mandaron a un cuarto para que la revisaran y detectaran los golpes que servirían de evidencia. El cuerpo semidesnudo de Fernanda era iluminado por la cámara fotográfica de un médico legista. Minutos más tarde, ingresó al Hospital General de Toluca Lic. Adolfo López Mateos, ubicado en la colonia Universidad. Permaneció una semana hospitalizada. Los golpes despiadados de su novio le dañaron las cervicales del cuello y le destrozaron el codo izquierdo. Le diagnosticaron fractura de codo politraumatizada. Fernanda duró dos meses con collarín y le realizaron una cirugía de reducción de fractura abierta. El codo estuvo cuatro meses enyesado. Finalmente, la orden de restricción procedió y Daniel no podía acercarse a Fernanda a 100 metros de distancia.

Fernanda había conocido a Daniel en la Universidad Autónoma del Estado de México. Tenían 17 años y decidieron estudiar turismo. Nunca pensaron en una relación amorosa. Fernanda no sentía una atracción física por Daniel. Sus gustos eran totalmente opuestos a los que ofrecía ese chico alto, moreno y muy delgado. Tenía un rostro fuerte y se vestía pandroso: pantalones más grandes que su talla, playeras desfajadas, sudaderas llamativas y tenis toscos. Nadie quería a Daniel por su personalidad oscura, pero Fernanda lo conoció y de pronto todo fue más allá.

Cuando murió su papá ahí estaba siempre la figura de Daniel. Se sintió protegida a su lado. Su madre y sus hermanos la ignoraban, había un trato indiferente. A pesar del rechazo inicial de convertirse en su novia, Fernanda necesitaba esa dulce sensación de sentirse querida. Tenía miedo a quedarse sola y Daniel se convirtió en su rutina. Le encantaba su sentido del humor. Nunca había creído reírse tanto en su vida con las ocurrencias de ese chico enojón.

Un año después todo cambió. Fernanda se enteró de que Daniel tenía problemas de drogas y alcoholismo. El amor repentino se transformó en un infierno. Daniel empezó a obsesionarse y la relación se pudrió. Sin darse cuenta, Fernanda era una prisionera: no podía hablar con nadie, tenía prohibido frecuentar a sus amigos, no podía salir sin su permiso. Se sentía obligada a marcarle al celular para avisarle que saldría a la tienda o preguntarle si estaba de acuerdo con el color de la ropa que se compraba.

Un día del amor y la amistad, Daniel telefoneó a Fernanda:

—Oye, necesito que te pintes el cabello de morado porque así me gustas más.

Ella lo hizo. Todo era Daniel. Todo para él.

Daniel se perdió entre las drogas y el alcohol, se volvió más violento y casi todo el tiempo no recordaba lo que hacía. El único camino de Fernanda era obedecerlo incondicionalmente para no molestarlo. Estaba enamorada y pensó que con el tiempo y su ayuda él dejaría las adicciones. Daniel se convirtió en un reto y en una obligación. En Daniel se negó Fernanda, pues no existía.

La primera golpiza llegó tras la llamada de unas amigas. Cada vez que sonaba el celular en presencia de Daniel se ponía nerviosa, le sudaban las manos. El celular era como una bomba de tiempo y no sabía cómo detenerla. Daniel le daba dos opciones: colgar o accionar el altavoz…

—Hola, Fer, dónde andas. ¿Vamos al cine, no? Lucía y Adriana quieren ver *Belleza americana*, cómo ves… —le dijo la güera Cecilia.

—Mmm, no sé, ahorita te marco, ¿no? —Fernanda respondió sin pensar ante la mirada vigilante de su hombre.

Daniel, con un tono agresivo, le preguntó a Fernanda:

—¿Por qué te buscan esas lesbianas?, se me hace que quieren contigo esas pendejas.

Acto seguido aplastó su celular con sus botas tipo militar. Daniel tenía un aire pesado y siniestro. Sin más, le soltó un derechazo seco a la altura de la mejilla izquierda. Fernanda no quiso demostrar debilidad y se lanzó contra el cuerpo enjuto de Daniel. Comenzó a insultarlo.

—¡Cómo te atreves, estúpido!

La furia de Daniel aumentó, le jaló los cabellos y la acercó a su cara. Tenía el rostro tan cerca del suyo que Fernanda notó cómo su aliento le acariciaba la mejilla dañada.

—Es la última vez que te pones perra. Sabes que eres una puta y no sirves para nada, así que bájale a tus mamadas. ¡Otra de éstas y te voy a matar por zorra!, ¿entendiste?

Al momento de botarla, Fernanda se percató de que había llorado demasiado. Nadie la había golpeado y Daniel lo consiguió. Se sintió basura y se resistía a creer que era una puta. Sin embargo, Fernanda necesitaba a Daniel como al aire. En ese leve instante supo que después llegarían más golpizas. No le importó.

Al día siguiente, Daniel tocó la puerta de la casa de Fernanda y le llevó unas rosas rojas. Se notaba arrepentido y le prometió que jamás la tocaría. En total fueron ocho actos violentos, tres fueron unas "madrizas". La última casi fue mortal.

La película que nunca vio Fernanda, empieza con una voz en off: "Me llamo Lester Burnham. Éste es mi barrio, ésta es mi calle, ésta es mi vida… En menos de un año estaré muerto".

—¿En qué momento decides salir de esta situación violenta y lastimosa? —se le preguntó a Fernanda.

—Cuando llegué a mi casa destrozada física y mentalmente. En ese instante pensé que no tenía necesidad de meterme en problemas. Ya no quería estar deprimida. Comencé a analizar la vida real y no la ideal. Daniel era la única persona que me apoyaba, pero ya no quería que manipulara mi vida, por eso lo demandé.

Muy lejos quedaron los conciertos de rock y los raves: momentos inolvidables que Fernanda pensó compartir plenamente con la persona indicada. Tal vez Daniel no era la persona que siempre buscó.

—¿Qué ha pasado con Daniel? ¿Te buscó en algún momento?

—Sus papás fueron a mi casa a pedirme que regresara con su hijo, que le retirara la demanda. Lloraban. Acepté quitarle la orden de restricción. Me comentaron que Daniel estaba muy mal en una casa de rehabilitación en Cancún, estuvo a punto de morir de una sobredosis y lo apoyé. Puedo decir que sí le salvé la vida. Estoy convencida de que soy la única persona que puede ayudarlo a salir de sus broncas. Aún no sé por qué se convirtió en una responsabilidad mía.

Fernanda sin querer entró a un laberinto enramado. Escapó de una pesadilla pero empezaba otra. Quizá con el mismo dolor y asombro.

Jorge, su amigo favorito y cómplice, la traicionó. Jorge estuvo atento minuto a minuto a la evolución física de Fernanda. La invitó a salir en varias ocasiones para que tratara de olvidar el infierno que había vivido con Daniel. Se portaba caballeroso y siempre se enfadaba cuando Fernanda le platicaba cosas de su ex. Le insistía que los que esperan siempre encuentran lo inesperado, que pronto llegaría un hombre que la quisiera de verdad.

Al regreso de una fiesta familiar, Jorge le declaró su amor. Ella con extrañeza le respondió que no.

—Estoy saliendo de un momento muy difícil, es imposible, lo siento.

Jorge se congeló, miró de reojo sus labios delgados. Seguía conduciendo sin decir nada, veía continuamente por el retrovisor a la mamá, a la abuela y a la sobrina de Fernanda, que se encontraban en la parte trasera del auto. Jorge, sin saber, frenó su Corsa color arena a la altura del Desierto de los Leones y rápidamente se bajó del coche. Poco a poco, el cuerpo de Fernanda empezó a temblar. Jorge abrió la puerta y la sacó a jalones. Sin perder tiempo, le lanzó un puñetazo en el estómago que en segundos la dobló. La mirada de Jorge era de terror, era horrible de ver. Comenzó a patearla como un loco, eran momentos en que Jorge no podía resistir el rechazo de Fernanda.

—Bueno, cabrona, si no te gusta cómo te trato, yo también te puedo tratar mal.

Esas palabras perforaron el oído de Fernanda. Las otras mujeres bajaron para tratar de detener la golpiza pero fue imposible: la fuerza brutal de Jorge las excedía. Jorge sentía como si hubiera hecho algo malo y por otro lado no. Fernanda recibía golpes tan fuertes que en realidad no le dolían, sólo escuchaba su sangre circulando por todo su cuerpo. Jorge, enloquecido, obligó a Fernanda a que subiera al auto y arrancó sin más. Dejó a la deriva a las otras mujeres en plena avenida.

En total fueron nueve horas de angustia. Mientras manejaba, la mano derecha de Jorge abofeteaba la cara estática de Fernanda, que no oponía resistencia. Un poco de sangre se asomaba por su nariz afilada. Estaba petrificada. No lo podía creer. El Corsa sólo se detenía para cargar gasolina. Fue prácticamente un secuestro exprés. Al amanecer, Jorge se estacionó en una calle solitaria y se quedó dormido, ya no podía manejar más. Fernanda aprovechó para escapar y tomó un taxi de regreso a su casa.

Nunca se tiene bastante y Fernanda no consigue estar en paz ni con ella ni con nadie. Casi un año estuvo con paranoia, encerrada en su pequeño cuarto. Continuamente sufre de insomnio y las pesadillas son parte de su sueño. No puede salir sola a la calle porque siente que la persiguen. Aquella universitaria de ojos verdes y mirada tierna, casi inocente, se volvió agresiva y desconfiada. La personalidad de Fernanda cambió para siempre.

Su vida cotidiana sigue casi intacta. Su familia es sólo una escenografía en casa y trabaja en una insufrible Afore. Cada vez que recuerda los golpes que le propinó Daniel, le tiemblan las manos y sus piernas se tornan azules, siente un frío intenso.

Fernanda recuerda todas las noches la voz moribunda de su papá. Se autodestruye por haber dudado de él. La noche insiste y toca sus pensamientos. Dicen que los muertos hablan más, pero al oído.

VIOLENCIA FÍSICA[13]

Son aquellos actos de agresión intencional en la que se utiliza cualquier parte del cuerpo, algún objeto, arma o sustancia, con la finalidad de sujetar, inmovilizar o causar daño a la integridad física de otra persona, generalmente más débil, encaminado a su sometimiento y control. Incluye empujones, bofetadas, puñetazos, puntapiés, etcétera. Este tipo de violencia muchas veces deja cicatrices, enfermedades que duran toda la vida, lesiones leves o severas, e incluso puede causar la muerte.

▶▶▌ 16.5% de las jóvenes entrevistadas para la Envinov 2007 señaló haber sufrido un evento de violencia sexual por parte de su pareja. La proporción es similar entre jóvenes de zonas urbanas y zonas rurales.[14]

▶ Un tema tan difícil es separarse o no de su pareja, porque también les pega mucho. El tema es cuando ya se dan cuenta y dicen: "sé que este cuate me trata mal y no puedo dejarlo, eso es algo que genera muchísimo conflicto". Llegan a tener cierta conciencia, pero "no puedo porque estoy enamorada". Esto tiene que ver con asuntos de género de las mujeres, tiene que ver con que no fueron educadas para cuidarse y cambiar.

Luciana Ramos
Investigadora del Instituto Nacional de Psiquiatría

▶ Se deberían crear juzgados especializados en materia de género. En muchos casos, mujeres que tienen que acudir a un Ministerio Público para denunciar la violencia, solicitar el divorcio, etcétera, llega un momento en el cual se encuentran en una situación de caos y vulnerabilidad. Si no se plantean y se

---

[13] Campaña "Amor es sin violencia" para la prevención de noviazgos violentos.
[14] Envinov 2007.

concretan estas alternativas, muchas regresan con el agresor por fallas institucionales.

Ricardo Ruiz Carbonell

Director de Enlace y Seguimiento de la Fevimtra

▶ La violencia en el noviazgo se tipifica de manera distinta a la violencia familiar porque no hay una relación de hecho. No viven juntos, no tienen un espacio en común, pero sí se puede tipificar esta violencia de diferentes formas que podrían ser lesiones, amenazas, intento de homicidio, etcétera. De alguna manera tenemos que presentar el caso ante la autoridad en la fiscalía de menores. El CAVI está obligado a denunciar el hecho ante la autoridad correspondiente aunque la menor no ejerza este derecho.

Lydia Miranda

Directora del Centro de Atención a la Violencia Intrafamiliar
de la Procuraduría del Distrito Federal

No creo que me pueda hacer más daño

Ella despertó completamente desnuda en la cama y el cuerpo le dolía. Lo último que había sentido antes de eso fue un puñetazo que la dejó inconsciente, ella no quería... Habla poco sobre ese momento y no puede asumir la palabra "violación" cuando se refiere a la noche que la dejó marcada; el dolor que siente aún no se ha curado del todo, pero hoy sabe que puede defenderse.

Elocua es el nombre que quiere usar para contar esta historia, el mismo nombre que lleva una princesa vampira capaz de odiar y amar a los hombres con la misma magnitud y desenfreno. Elocua, la vampira, espera a que un hombre la lastime para cobrar venganza, porque sabe que puede dañarlo mucho más de lo que la han lastimado a ella.

La princesa vampira de nuestra historia ahora tiene 22 años y no le emociona vivir.

Conoció a Jaime cuando ambos eran unos niños y compartían la calle donde vivían en Villa de Cortés. Elocua era muy amiga de Betty, la hermana de Jaime, por eso siempre estaban juntos en las mismas fiestas e iban a todos lados.

La simpatía y el carácter de Jaime fueron ganando terreno en la vida de Elocua. Empezaron a andar cuando ella tenía 15 años y cursaba el 2º

Si fueras víctima de una violación...
¿denunciarías?

❏ Sí.
❏ No.

grado de secundaria en el Liceo de Coyoacán, el día no se le olvida: un 3 de marzo de 2002.

Los primeros meses del noviazgo estuvieron llenos de ternura y detalles, ambos lo disfrutaron mucho y ella comenzó a enamorarse.

Pero, transcurridos aquellos meses, todo cambió. Cualquier cosa irritaba a Jaime y comenzó a lastimarla. Si ella no hacía lo que él quería o algo no le parecía, su condena aparecía en los brazos como moretones, resultado de golpes o estrujones muy violentos.

Jaime solía golpearla con el puño en la cara o en los brazos. Elocua se cubría para esconder esos golpes y decía a sus padres que se había pegado ella sola o que se había caído.

Los días para vestir falda se acabaron para ella.

—Pareces de las esquineras de Tlalpan —le decía sin ninguna consideración y luego la recriminaba por el poco respeto que le mostraba al vestirse así.

También se acabaron los amigos porque a Jaime le molestaba muchísimo que ella saliera con alguien que no fuera él. Elocua comenzó a asfixiarse en una tremenda soledad que significaba amar alejándose de todo, resignándose a obedecer y siempre temiendo el siguiente golpe.

Éstos se hicieron costumbre y ella dejó de sentirlos. Ya no importaba el dolor, ni cuánto más tuviera que aguantar, su pensamiento final siempre era: "No creo que me pueda hacer más daño".

El día en que Jaime probaría que sí podía hacerle más daño no estaba lejos. Una noche en una fiesta, Jaime la llevó a la habitación de uno de sus amigos donde sólo había oscuridad, trató de acercarse a ella y comenzaron a discutir. Jaime gritaba y la empujaba, ella le detenía el brazo y comenzaba a sentir miedo. Un instante bastó para que Elocua supiera lo que iba a pasar pero aun cuando trató de defenderse, un puñetazo en el rostro fue suficiente para que cayera al suelo y quedara inconsciente.

En la oscuridad dejó de sentir y se tragó el dolor. Cuando despertó se descubrió desnuda y con un dolor intenso en la cabeza. Su cuerpo estaba adolorido, se miró al espejo, en sus labios había sangre y un gran moretón le afeaba el rostro. Pensó que había pasado mucho tiempo, pero cuando escuchó el ruido de la fiesta tomó aire y se puso a llorar.

Esa experiencia le valió para lastimarse a sí misma: se iba a golpes contra la pared o le permitía a las navajas coquetear con sus venas. De aquellos días aún oculta un dolor muy personal, guarda las marcas en sus nudillos y las cicatrices en sus muñecas.

No le gusta hablar mucho sobre aquel día. No quiso levantar una denuncia por miedo, porque sabe que en México todo se arregla con dinero y porque conoce que Jaime se dedica al secuestro y a la distribución de droga en las calles.

Jaime la buscó y ella se negó. Pasó un mes y accedió a verlo pensando que había cambiado, entonces regresaron. Al paso del tiempo volvieron los golpes.

Elocua sólo podía preguntarse: "¿Qué es lo que estoy haciendo mal?" Su autoestima menoscabada buscaba respuestas… sabía y se repetía que siempre había sido buena persona con él y que siempre le había dado todo, entonces ¿por qué sucedía eso? Su corazón nunca tuvo una respuesta.

Jaime le fue infiel y ella lo supo porque estaba ahí. Lo negó todo, se puso como loco y la golpeó como nunca antes. En ese momento Elocua quiso regresarle golpe por golpe hasta que pensó: "¿Para qué voy a llegar a la violencia? ¿Para qué si sé que él me va a pegar, para qué si él me la va a regresar… y me la va a regresar más fuerte?" Su resignación la hizo aguantarse y esperar a que todo terminara.

Terminaron su relación y luego él la buscó para nuevamente pedirle perdón. Todavía trataron de ser amigos y aún así, Elocua no se salvó de jalones, golpes o de que Jaime tratara de tener algún encuentro sexual con ella.

El acoso fue todavía más recurrente cuando, desde lejos, Jaime la esperaba afuera de la escuela y la seguía hasta que llegaba a casa. Elocua seguía su camino con miedo, fingiendo que no se daba cuenta de nada.

Cayó en depresión y aprovechó el alcohol para evadirse. Su deseo más grande era olvidar todo lo que había pasado y aún ocurría a su alrededor. Se iba a la cama y lo único que deseaba era no volver a despertar. Ya no aguantaba estar viva.

Cuando volvía a la realidad de la que tanto huía, el coraje se desataba de nuevo y su carácter se hizo muy agresivo. Su familia la llevó a terapia y estuvo un año medicada con antidepresivos que la hacían sentirse completamente pasiva. Más adelante dejaría las pastillas para demostrarse que podía salir adelante.

Jaime siguió buscándola y en alguna ocasión accedió a hablar con él. Lo dejó pasar a su casa. Discutieron y cuando él trató de golpearla de nuevo, Camila, una pastor belga cachorro, trató de defenderla, se lanzó sobre la cara de Jaime y logró morderlo. Esto le valió a Camila la muerte de una patada.

Elocua pensó que no podría superar aquella pérdida porque se había aferrado a la perra para salir de su tristeza. Situaciones como ésta le generaron más tensión, dolor, tristeza, soledad y frustración.

Hace poco Elocua se topó con Jaime y él la empezó a insultar. Trató de obligarla a subir a un auto.

—Ven, que quiero hablar contigo —le gritaba, luego la llamó "piruja".

Elocua comenzó a sentir cómo el coraje se adueñaba de ella, hasta que no pudo contenerse y se fue encima de él. Logró tirarlo y se levantó para golpearla, ella le detuvo el brazo y de un puñetazo le volteó la nariz. Jaime cayó al suelo, la miró y después se puso a llorar.

De aquel incidente, Elocua siente alivio y sabe que lo volvería hacer por todas y cada una de las veces que él la golpeó, la insultó y la hizo sentir mal. Ahora sabe que se puede defender. Aunque ahora no le emociona vivir, lo único que quisiera para ella es una vida normal.

VIOLACIÓN[15]

Ocurre cuando alguien, por medio de la violencia física o moral, realiza cópula con otra persona de cualquier sexo. Por esta acción se le impondrá prisión de seis a 17 años.

También es violación la introducción, por vía vaginal o anal, de cualquier instrumento o parte del cuerpo, distinta del pene, por medio de la violencia física o moral.

▶▶| La Envinov recoge información sobre la violencia sexual que pudo haber sido o es actualmente ejercida sobre las personas entrevistadas en cualquier época de su vida. En este sentido, se preguntó a mujeres y hombres si alguna vez alguien los había tratado de forzar o los habían forzado a tener relaciones sexuales. Esto porque los estudios demuestran que un niño o niña que ha sido abusado(a) en la infancia o adolescencia, podrá presentar comportamientos, ya sea de agresión o de sumisión frente a la violencia.[16]

La Encuesta Nacional sobre la Dinámica de las Relaciones en los Hogares (Endireh), que se realizó en 2006 entre mujeres con edades de 15 años o más, arrojó datos alarmantes como que 16% de ellas ha sufrido violencia causada por algún familiar. La violencia entre las parejas casadas o unidas tiene 40% de incidencia. Sin embargo, sólo una de cada 10 víctimas acude a los juzgados a presentar una demanda, lo cual da como resultado un grado de impunidad de casi 99% de los casos.

María Elena Álvarez Vicencio
Secretaria Ejecutiva del Inmujeres [17]

No hay personal suficiente para atender adecuadamente a la demanda. Los menores de edad, por ejemplo, es ab-

---

[15] Delitos contra la libertad, la seguridad sexual y el normal desarrollo sexual, Inmujeres.

[16] Envinov 2007.

[17] María Elena Álvarez Vicencio, "La violencia en la familia", *La Crónica*, México, 31 de mayo de 2010.

surdo que no puedan acudir a servicios de salud sin un tutor. Hay una normatividad que está en contra de los jóvenes. No existe un servicio integral instaurado para atender la problemática de los jóvenes, no hay programas específicos para ellos.

Luciana Ramos
Investigadora del Instituto Nacional de Psiquiatría

Culero

Julio miró a Paola al salir de la clase y le gustó. Ella siempre había sido una mujer exótica, con capacidad para hacerse notar. Su cabello negro, largo y rizado. Su tono de piel morena oscura. De rasgos finos. Ojos grandes de mirada coqueta y un cuerpo envidiable para cualquier mujer.

Los ojos verdes de Julio la siguieron con un magnetismo tal que Paola no pudo pasar por alto: intercambiaron teléfonos. Julio tardó 48 horas para llamar y ella había estado esperando desde que le dio el último número de su teléfono.

La invitó a cenar y ella aceptó. Pasaron horas hablando y él nunca dio un paso más para que ella quedara enganchada y ansiosa. A los cuatro días sucedió su primer beso. A los siete días, su primer fin de semana juntos en Tepoztlán. Al mes ya vivían juntos.

Julio y Paola estaban enamorados y tenían tantas cosas en común que su historia pasaba sus hojas entre buenos momentos y mucho sexo.

Paola inició su relación con Julio a los 27 años, cuando estudiaba una maestría en criminología. Julio tenía 30 y trabajaba para la institución donde Paola estudiaba. Su relación era buena, estable y muy práctica.

A la relación de Julio y Paola se sumó Chocolate, una perra labrador que era un miembro más de la nueva familia.

¿Alguna vez te han dicho algo que te duela más que un golpe?

❏ Sí.

❏ No.

Un día cualquiera, Chocolate comenzó a rechazar a Paola sin justificación alguna.

—Oye, qué raro que Chocolate no te quiera... si te adoraba. ¿No estarás embarazada? —preguntó Julio entre risas.

De argumento tan aventurado, pronto se encontraban en la farmacia comprando una prueba de embarazo.

La prueba dio positiva y corrieron de nuevo a la farmacia por una nueva.

—Esas madres no sirven —argumentaron ambos.

La segunda prueba también dio positivo.

—Mañana vemos qué rollo —le dijo Julio a Paola.

El examen de sangre confirmó lo que ya sabían, estaban embarazados. Julio lo pensó y comenzó a platicar con Paola. Ella no argumentó nada y su actitud fue siempre esperando la última palabra de Julio.

—¿Para qué esperar? O ¿para qué arrastrar un aborto cuando las cosas están padres, están funcionando bien? —le decía Julio a Paola mientras pensaba que estaban jóvenes, enamorados, que era una buena oportunidad para formalizar la relación.

Paola tuvo un embarazo afortunado, sin molestias ni complicaciones, y fue reservada, nunca mostró un sentimiento maternal, ni mucho menos de ternura, esa situación no preocupó nunca a Julio, que tenía claro que ella no era una persona maternal, ni tan femenina, y apreciaba la practicidad con la que llevaba su vida.

Ambos tenían una vida estable aunque con muchos sube y baja laborales. Cuando Paola conoció a Julio estaba desempleada. Luego Julio perdió su empleo y no consiguió otro sino hasta tres meses después.

A los siete meses y medio de embarazo Paola recibió una llamada para una entrevista de trabajo. Se presentó a la cita con un vientre que mostraba su avanzado embarazo y sufrió discriminación laboral por su estado.

Julio y el padre de Paola, también abogado, metieron papeles, quejas y escritos para defender el derecho de Paola a trabajar y lograron que se colocara como psicóloga dentro de un tutelar de menores. A los pocos días solicitó su incapacidad.

Santiago nació a los ocho meses y medio de embarazo a través de una cesárea debido a un envejecimiento placentario. A la llegada del bebé, Julio y Paola entraron en un universo desconocido al que poco a poco se fueron adaptando.

Cuando Santiago nació, Paola y Julio vivían en una casa que se encontraba en muy malas condiciones en la colonia Del Valle. Para la llegada del bebé decidieron mudarse al sur de la ciudad mientras remodelaban la casa.

Todo parecía normal hasta que Julio descubrió que Paola le decía que su madre había ido a visitarla, cuando en realidad era la madre de Paola quien se había pasado todo el día en su casa atendiendo al niño mientras su hija la pasaba en cama.

A los dos meses Paola regresó al trabajo. Su jornada sería de ocho de la mañana a dos de la tarde. A Julio le preocupaba mucho dejar a Santiago en una guardería, y como la madre de Paola se ofreció a cuidarlo, ambos accedieron con la condición que la abuela pondría:

—Sí, yo lo cuido, lo cuido en mi casa; no vendré hasta su casa a cuidarlo, me lo tienen que llevar y luego lo recogen.

Los viajes de Julio en la madrugada implicaban sacar a Santiago de Tepepan para llevarlo a Villa de Cortés y de ahí partir hasta San Jerónimo para ir al trabajo, todo el trayecto podía tardar hasta cuatro horas.

El estrés y la coordinación de tiempos al que la familia se sometía empezó a aumentar hasta que recibieron una propuesta de los abuelos maternos: dejar a Santiago de lunes a viernes en su casa mientras Julio y Paola se acomodaban y resolvían su situación.

Lo primero que Julio resolvió fue la remodelación de la casa de la colonia Del Valle, renunció a su trabajo, vendió su moto y solicitó apoyo económico a sus padres y a su hermana. En dos meses la casa estaba lista para ser habitada y para que Santiago volviera.

Paola continuó con su trabajo durante el tiempo de la remodelación. Al salir del trabajo prefería volver a la casa en la Del Valle en lugar de ir a encontrarse con el pequeño Santiago.

—Oye, vete con Santiago, ¿no? Para que pases tiempo con él —le decía Julio a Paola.

—No, te espero a que termines, así también puedo hacer mis cosas.

Todos los días, sin falta, llegaban al anochecer a casa de los papás de Paola para ver al niño y se encontraban con una situación que empezaba a incomodar a Julio.

—El niño está dormido, no lo podemos despertar porque está muy pequeño —y repetidamente en las visitas el argumento se convirtió en una costumbre y a Paola parecía no importarle.

—¿Qué onda con tus papás? —preguntaba Julio con insistencia, y nunca tuvo respuesta ni respaldo.

Cuando la casa estuvo lista para iniciar una nueva dinámica familiar, a Paola le cambiaron el horario en el tutelar y le solicitaron que se presentara desde las seis de la mañana. Pensó irse en camión y Julio le argumentó que era muy temprano para que anduviera sola en la calle, le ofreció el coche y en ese momento el problema fue el estacionamiento. Nunca pensaron en Santiago mientras discutían todo esto.

Todos los días Julio se levantaba para llevar a Paola a su empleo. Al volver se daba un baño y comenzaba la incansable búsqueda de empleo, siempre sin éxito. A las dos de la tarde pasaba por Paola e iban a casa de los abuelos a visitar a Santiago.

—Hola, hijo, ¿cómo estás? —eran las pocas palabras que Paola le dirigía al bebé.

Cuando llegaban la mesa siempre estaba servida. Al terminar de comer Paola se retiraba a recostarse porque "estaba muy cansada" y Julio se quedaba horas en la sobremesa aprovechando cualquier momento para salir con Santiago a la tienda, al parque o a dar un paseo.

—Paola, vámonos a la casa —le pedía Julio.

—No. ¿Qué vamos a hacer allá? Aquí estamos bien. Además hay que regresar al niño, ¿para qué nos vamos? Aquí estamos bien —argumentaba Paola.

Julio empezaba a descubrir que Paola no tenía ningún interés de vincularse con Santiago porque el niño dependía total y absolutamente de la abuela. Tampoco quería hacerse responsable de un hogar, de una familia. No participaba en la cocina, tampoco en la limpieza, mucho menos en los quehaceres del hogar, eso a Julio no le molestaba en un principio porque su relación siempre fue independiente y él no dependía de ella para cocinar, limpiar o plancharse la ropa porque siempre se hizo cargo de sus deberes.

La condición económica no era buena porque Julio tenía unos ahorros con los que sobrevivían y la única entrada de dinero segura era la de Paola. Julio pidió que Santiago volviera a la casa mientras él buscaba empleo, y se encontró con un nuevo argumento:

—No se lleven al niño, porque todavía hay polvo y le puede hacer daño.

Julio le pidió a Paola que considerara su trabajo porque no tenía una relación con Santiago y porque no encontraban una dinámica en la que pudieran desarrollarse normalmente como familia. La situación comenzaba a desesperarlo.

Cuando Paola intentaba acercarse al niño siempre resultaba la misma cantaleta:

—No, no, no, así no se hace, préstame al niño, te voy a enseñar —le decía la abuela y se lo arrebataba de los brazos.

Paola, con un carácter muy poco tolerante, se daba la vuelta y siempre se retiraba a su habitación; por no discutir, por no enfrentar a su madre y porque la situación era muy conveniente para su comodidad.

—Yo sé que amas y que quieres mucho a Santiago, pero si no permites que Paola le dé la mamila, que lo cambie, que lo atienda, pues ella nunca va a aprender —le decía Julio exasperado a su suegra.

—No, es que ella no sabe —contestaba la madre de Paola, y ésa era la línea final de su argumento.

Santiago era el primer nieto de la familia: la obsesión de la abuela por tenerlo y tener el control sobre él comenzaba a acrecentarse.

Julio no encontraba trabajo y su suegro le ofreció asociarse con él en su despacho. Accedió de buena gana y porque eso le ayudaría a tener un ingreso que le permitiera tener más control sobre su familia.

—Santiago nos necesita —le decía Julio a Paola para que dejara su trabajo—; ya hay un ingreso fijo, piensa lo de tu chamba.

Finalmente Paola dejó su empleo y Julio pensó que ésa sería una oportunidad doble. Paola podría estar más tiempo con el niño y él también podría disfrutarlo más horas al día, ya que el despacho estaba en la casa de los abuelos maternos.

En 15 días de estadía Julio pudo percibir la situación más claramente. Paola seguía sin acercarse al niño, la abuela se hacía cargo de Santiago en todo aspecto y además lo sobreprotegía. El abuelo, por su parte, desatendía el trabajo por salir a jugar y estar con el niño también.

Julio no podía trabajar en forma y tampoco podía acercarse a su hijo.

Los primeros fines de semana transcurrieron bien pero con algunas circunstancias que preocupaban a Julio. Cuando a Paola le tocaba preparar la mamila para darle de comer al bebé, buscaba cualquier pretexto para desafanarse de ello o lo hacía completamente de malas y con "hueva".

La hora de la comida de Santiago era por turnos, una vez Julio, una vez Paola; para ella, hacer una mamila "era como una mentada de madre".

Los siguientes fines de semana se toparon con nuevos argumentos de los padres de Paola:

—Váyanse ustedes a cenar, también disfrútense como pareja. Ya no se lo lleven, son las 10 de la noche.

Y entonces era imposible sacar a Santiago de casa de los abuelos.

Si no eran los abuelos, Paola preparaba también su plan para evitar pasar tiempo con Santiago. En todo ese tiempo llegaron dos perras labradoras más a casa de Paola y Julio. Ella, amante de los perros, se apresuraba desde el jueves a decir:

—¿Vamos el sábado a la UNAM para llevar a correr a las perras?

—Oye… no, porque está Santiago. No lo vemos entre semana o lo vemos muy poco y ¿tú quieres que el sábado nos llevemos a los perros y volvamos a dejar a Santiago con tus papás?

Eso bastaba para que Paola iniciara berrinche tremendo y Julio se convirtiera en el peor hombre del mundo y le gritara "controlador". A veces Paola cedía, otras veces no, y el fin de semana se convertía en un infierno lleno de tensión y malos tratos.

De toda aquella temporada, Santiago durmió en su casa sólo tres días. El suegro de Julio le encargó a su yerno el trabajo más pesado para que ya entrada la noche fuera imposible sacar al niño de la casa.

Paola llegaba a desayunar, comer y cenar a casa de sus padres mientras Julio trabajaba en el despacho.

—Ya vámonos, ya me harté de estar aquí —replicaba Paola.

—Si quieres adelántate tú con Santiago.

—No. ¿Qué voy a hacer yo sola? Te espero.

Cuando Julio terminaba su jornada laboral le decía a Paola:

—Ya vámonos, tráete a Santiago.

—No, Julio, está muy chiquito —argumentaba el abuelo.

—Le va a dar el aire, ya mañana lo ves aquí, ¿para qué te lo llevas?

Paola nunca apoyaba a Julio y las discusiones siempre terminaban siendo tres contra él.

Para diciembre de 2008, Julio intentó tener una vida familiar al menos los fines de semana. Tenían una invitación a una fiesta infantil el sábado y al estar a punto de salir, Paola llegaba a la puerta y decía: "No, mejor no voy". Así sucedió en tres ocasiones.

Para el último fin de semana de diciembre planearon un viaje a Tepoztlán. Habían ido al supermercado a comprar todo para pasar el fin de semana y en la puerta Paola volvió a decir que no. Julio se encabronó y empezaron a discutir.

—Te pasas, hicimos el súper ayer, ya me has cancelado tres fines de semana seguidos, ¿de qué se trata, Paola?

Paola tomó una taza y se la aventó al rostro.

La situación se tornó un tanto violenta, Julio tomó a Santiago y le dijo a Paola:

—Me voy a llevar a Santiago con tu mamá y me voy a regresar porque tú y yo nos tenemos que poner de acuerdo porque esto no puede ser. Nos tenemos que arreglar.

Julio salió con Santiago pensando que de ninguna manera quería que el niño los viera discutir así. Al llegar a casa de sus suegros les explicó la situación, ellos también estaban conscientes de que Paola nunca había generado un vínculo con Santiago.

Julio volvió y trató de hablar con Paola. La discusión comenzó a agrandarse cuando tocaron el tema de las tres perras. Él le pedía mantener a las perras en el jardín, por Santiago, por motivos de seguridad y de higiene y Paola se negaba, entonces lo tachaba de "inhumano" y volvían los gritos.

Julio le pidió tomar una terapia de pareja.

—¡Chinga tu madre! —fue la respuesta. Julio discutió tanto que no lo soportó más y decidió salirse de la casa por unos días en lo que ella se tranquilizaba.

Paola lo buscó a los dos días y se citaron en un restaurante para hablar. Su charla comenzó bien hasta que a la menor provocación Paola comenzó a gritar y todo terminó de nuevo con un "¡chinga tu madre!". Julio se retiró ante el espectáculo.

Después de un rato Paola volvió a llamar a Julio para hablar. Julio le argumentó: "Ahora platicamos en la casa porque eso de que te andes parando y haciendo escenas en lugares públicos como que no".

Al llegar a su casa Julio descubrió que la mesa del comedor estaba rayada, las lámparas estaban rotas y los sillones blancos de piel tenían plastas de pintura sobre ellos.

—¿Qué pasó aquí? —preguntó Julio molesto.

—Las perras tiraron las lámparas.

—¿Y la mesa?

—Es que pasé un trapo y había un clavo, estaba limpiando y se rayó.

—¿Oye, y la sala?

—Es que se me cayó un barniz, explotó y pensé que a lo mejor la pintura podía arreglarlo.

—¿Cuál barniz? No hay ninguna gota de barniz en ningún lado, mejor dime qué hiciste.

—Pinté unas cosas que te vas a enojar.

—Enojado ya estoy. ¿Cómo que pintaste una sala con una brocha y una cubeta de pintura? Digo… te lo paso si tienes 11 años y fue tu razonamiento para resolver las cosas, pero a tu edad que pienses que la pintura puede pintar la piel pues ya como que no.

Paola no contestó y el silencio se extendió.

—Déjalo, no importa. Yo vengo aquí a resolver las cosas, yo lo único que te pido es que la arregles. Mándala a arreglar, saca una cotización para tapizarla, tállala con una esponjita, haz lo que tengas que hacer. ¡Si tú la cagaste pues tú la arreglas! —trató de calmar las cosas Julio.

Paola y Julio hablaron y acordaron que las perras se quedarían afuera de la casa, Santiago dormiría en su casa todas las noches sin excepción, irían a terapia de pareja y el último de los puntos fue que Paola pasaría más tiempo con Santiago.

—Yo tengo que trabajar —argumentó Paola.

—Espérate, Pao, relájate. Dedícate un mes completo a Santi —le pidió Julio.

—No, yo tengo que trabajar. ¡Eres un explotador!

—Yo lo que quiero es que Santiago tenga a sus papás y que pueda estar con nosotros, como familia.

—¡Eres un machista y por eso no quieres que trabaje!

—Yo no te estoy diciendo que no trabajes, te estoy diciendo trabaja pero busca algo que sea compatible con Santiago.

Paola aceptó y Julio regresó a casa a los dos días.

Para el sábado siguiente Julio la animó:

—Ándale, entre los dos vamos a ver cómo arreglamos la sala.

—No, no. Ahorita no quiero —contestó Paola.

—Ahorita tenemos tiempo, vamos a hacerlo, Santiago está dormido, vamos a aprovechar.

—No, lo que yo quiero hacer es tomar el sol.

—¿Qué?

—Sí. Me quiero salir al jardín a tomar el sol y no, yo ahorita no lo quiero hacer, ¡no es cuando tú quieras!

—Te estoy diciendo que te echo la mano, para que entre los dos veamos cómo arreglamos la sala, y tú todavía te pones de diva y que quieres tomar el sol.

Paola ignoró la voz de Julio, tomó una toalla, la tendió en el pasto y se dispuso a tomar el sol. Julio tomó una fibra y comenzó a tallar los sillones. Poco a poco fue descubriendo que la pintura se quitaba y a su paso aparecían las palabras "culero" e "hijo de puta".

Julio suponía que debajo de la pintura podría encontrar algún mensaje así, pero decidió tomarlo con prudencia. Imaginó que los días que había pasado fuera de casa Paola había tenido algún arranque de furia y que, como se había quedado con su hermana, había tomado valor para hacer algo tan destructivo como eso.

Julio se calmó y sólo argumentó:

—Yo ya hice la mitad, te toca a ti la otra mitad, nada más quiero saber cuándo lo vas a hacer —preguntó.

—En la noche —contestó Paola recostada sobre la toalla en el jardín.

—Perfecto. En la noche entonces.

Las horas transcurrieron hasta que entrada la noche Paola le avisó a Julio…

—Ya me voy a dormir.

—A ver, espérate… espérate. ¿Cómo que te vas a dormir? No, ¡ni madres! ¡Tú dijiste que ibas a limpiar también la sala y no estás haciendo ni madres!

Paola tomó el teléfono y llamó a su madre.

—¡Ya no aguanto a Julio! —le dijo a su madre—, ya me tiene hasta la madre. ¡Ven por mí y ya a la chingada!

Julio miró en silencio. Ese día pasaría la noche ahí y al día siguiente Paola se marcharía.

La noche transcurrió en silencio y mucha tensión. Al día siguiente Paola amaneció llorando.

—No te quiero perder —le dijo a Julio.

Del llanto y la angustia ella se desvaneció y Julio le perdonó todo. El fin de semana transcurrió con normalidad.

El lunes siguiente a mediodía conversaron:

—Me voy a meter a trabajar de perito a la PGR —dijo Paola de la nada.

—Paola… ¿tú sabes lo que es un perito? —cuestionó Julio.

—Sí, más o menos.

—Creo que no tienes ni idea de cómo trabaja, ni cómo funciona un perito, aparte el horario de un perito es de "no tengo horario" y es todo el día. ¿Qué pasa con el acuerdo que hicimos de Santiago? Santiago necesita una mamá, entiéndelo.

—¡Tú no me dejas trabajar! ¡Eres un pinche hombre controlador!

—Yo te pedí… nada más dale un mes a Santi, vive a Santiago un mes solita, atiéndelo, cuídalo, conócelo y que te conozca.

La discusión entre Julio y Paola comenzó a subir de tono.

—Tú tienes una forma de ver la vida, yo tengo otra forma de verla —argumentó Julio—, para ti tu vida es trabajar aunque no veas a tu hijo. Si pensamos tan diferente ya nos estamos haciendo mucho daño. ¿Qué te parece si mejor cada quien en su casa?

—Sí, me parece bien. ¡Chinga tu madre! —gritó Paola.

—¿Si? Pues tú también.

Paola tomó sus cosas y se fue con las tres perras a casa de sus padres. Julio pensaba todo lo que se había perdido de Santiago, aunque disfrutaba los pequeños momentos que pasaba con él. Sabía que había perdido sus primeras palabras, nunca los llamó mamá o papá, para Santiago ellos siempre fueron Julio y Paola.

La situación laboral de Julio comenzaba a agravarse, pues el ambiente en el despacho era de una tensión abismal. Julio habló con su suegro y le dijo que su situación con Paola era punto y aparte y que ellos podían seguir trabajando juntos.

Todos los días Julio veía a Paola. Primero sostenían la tensión y luego ella se acercaba coquetamente a Julio con un escote pronunciado y se le sentaba sobre las piernas. Intentaba besarlo o seducirlo. Él la frenaba y le decía:

—Todo quieres arreglarlo con sexo.

—Aaaayy ya, no te enojes —lamentaba Paola.

—Es que no es de enojarse. Es que si vamos a arreglar las cosas hay que poner reglas y que se respeten, hay que ponernos de acuerdo. No es de si te quiero besar o si no te quiero besar.

La situación fue la misma en repetidas ocasiones.

Por el contrario, cuando Julio solicitaba pasar un tiempo con Santiago el fin de semana se encontraba con su castigo.

—Quiero ver a Santiago el sábado.

—Sí, pero dos horas —amenazaba Paola.

—¿Cómo que dos horas? ¿Qué te pasa?

—Si lo quieres… dos horas.

Julio asumió que ésa era la única forma de pasar un tiempo con Santiago y aceptó.

Para febrero, Julio planeó un viaje a Tepoztlán para llevar a Santiago a ver a su abuela paterna, y dos horas antes de salir de viaje sólo escuchó: "Ahorita venimos".

—¿A dónde van? —preguntó.

—Al pediatra —respondió la madre de Paola.

—¿Cómo que al pediatra? —preguntó de nuevo.

—Sí, ahorita te contamos —dijo Paola mientras ella y su madre tomaban al niño y se iban.

Al volver Julio se encontró con la sorpresa:

—No te lo puedes llevar —dijo la abuela.

—¿Cómo que no me puedo llevar a Santiago?

—Lo acaban de vacunar y la vacuna le va producir reacción e igual le da temperatura… entonces no, no te lo puedes llevar.

—A ver, enséñame el carnet de vacunación en este momento —exigió Julio.

—Aaaahhh… este… no. Es que lo olvidamos en el consultorio.

—Dame el teléfono del pediatra para hablarle y recordarle que se quedó con el carnet —pidió Julio exasperado.

—Sí, ahorita te lo damos.

Paola explotó en ese momento ante la situación.

—No, mamá, mejor dile la verdad, dile que tú y mi papá no quieren que se lleve al niño porque está muy pequeño, ¡dile la verdad! —enfrentó Paola.

—¿Por qué me exhibes así? —reclamó la madre de Paola— si tú y yo ya lo habíamos acordado. ¿Para qué se lo dices a Julio?

—Yo me voy. ¡Peléense ustedes! —gritó Julio y salió enfurecido.

Julio trató de hablar con su suegro y encontró el mismo argumento.

—Es que está muy pequeño —replicó el padre de Paola.

—Pero yo soy el papá, ¿cuál es el problema de que esté pequeño? ¿Cuál es el punto? —cuestionaba Julio—. ¡El punto es que ustedes no lo quieren soltar!

—Mejor ni le muevas —amenazó—, porque si no nos vamos a ver en tribunales.

—¿Sabes qué? Pues nos veremos donde nos tengamos que ver, yo no te tengo miedo. Te lo aviso de una vez, si tú pretendes ese tipo de cosas pues ya sabes, yo nada más te aviso que es mi hijo.

Desde aquella discusión Julio dejó de recibir su sueldo a pesar de mantenerse trabajando y al mismo tiempo Paola le solicitaba insistentemente dinero para solventar los gastos de Santiago.

Para marzo, Julio sufrió un accidente. Al mover un vidrio de una mesa el cristal éste reventó sobre su brazo haciéndole una herida profunda que tuvieron que operar en el hospital. La herida tenía 32 puntadas.

Paola se apareció una vez en el hospital apenas unos minutos y luego se marchó.

Para la recuperación de Julio su madre lo invitó a pasar unos días en Tepoztlán y él aceptó. Le pidió a Paola que lo acompañara con Santiago y ella aceptó.

A los dos días de haber llegado Paola le pidió regresar al Distrito Federal y él le pidió paciencia y calma. Ella se encerró y se la pasó inmóvil en la cama con rasgos de una depresión evidente, mientras Julio con un brazo atendía a Santiago, le daba de comer, le cambiaba el pañal y lo cuidaba.

Esos cinco días Julio los disfrutó mucho como padre.

Al volver, la situación de enojo y distanciamiento continuaba con Paola.

El doctor le recomendó a Julio cinco días más de descanso para que el proceso de sanación fuera el apropiado para su brazo y volvió a Tepoztlán con su madre, en esta ocasión sin Santiago y sin Paola.

Julio se movilizó para conseguir un empleo y en esa ocasión tuvo suerte. Tendría un empleo en el Tribunal Superior de Justicia y podría activarse de nuevo económicamente.

En abril de 2009 México sufrió la pandemia del virus AH1N1 y el proceso de contratación se retrasó durante cuatro meses. Mientras tanto Julio no recibió un centavo de su antiguo empleador, el padre de Paola, y aunque el acuerdo fue que seguirían trabajando, Julio no era tomado en cuenta, lo dejaban plantado y por lo tanto congelado en todo aspecto.

Julio recibía dinero de su madre, su padre y su hermana y todo lo partía en dos. Una parte para sobrevivir él y la otra parte para participar activamente de la manutención de Santiago.

Julio y Paola, desempleados, pasaban horas conectados al Messenger. Algunas veces platicaban, otras discutían, hablaban de reconciliación y tuvieron algunos encuentros de tipo sexual pero nunca llegaron a ningún acuerdo.

Paola tenía la esperanza de volver con Julio, pero su intención siempre fue la de salirse de casa de sus padres y dejar a Santiago ahí. Mientras los abuelos maternos la solapaban con argumentos como éstos: "Tú y Paola trabajen, dedíquense a crearle un patrimonio al niño, ya cuando esté más grandecito se lo llevan".

Julio nunca aceptó el trato y eso condicionaba cada vez más las visitas a Santiago, quien permanecía enfermo todos los días, y era el principal argumento para negárselo.

Paola consiguió un empleo dentro de una guardería e ingresó a Santiago en el plantel educativo, situación que favorecía el que le negaran a Julio ver al niño, mientras él se mantenía desempleado y esperando resolución sobre un nuevo trabajo.

—¡A ver si tú por lo menos agarras un pinche taxi para trabajar —le reclamaba Paola—, ponte a vender chicles, haz algo, pero consigue dinero.

Diferentes situaciones sucedían al llegar siempre los fines de semana. Un sábado por la tarde sonó el teléfono en casa de Julio.

—Voy a ir a una reunión familiar —le dijo Paola con una intención extraña por avisarle.

—Qué bueno que te vayas a la reunión —contestó Julio indiferente.

—Y me voy a llevar al niño —intervino Paola de forma arrebatadora.

—Pues sí, está bien, llévatelo.

La conversación no tuvo más pormenores. A la medianoche volvió a sonar el teléfono de Julio.

—Yo ya estoy hasta la madre, todo mundo anda pedo y yo ya me quiero regresar a la casa pero no me dejan llevarme a Santiago, que porque hace aire. Ya estoy harta y mi papá está pedo —le explicaba Paola a Julio alterada.

—Para empezar, uno: Yo no dejaría a Santiago solo —argumentó Julio—, y dos: ¿Cómo que no te lo puedes llevar? Tú eres la mamá, tú decides… tápalo bien nada más.

Ella evadió toda recomendación.

—Nada más te recuerdo que yo paso por él a las 12 del día de mañana para poderlo ver —concluyó Julio.

Cuando Paola llegó a su casa volvió a llamar por tercera vez a Julio.

—¿Qué crees que dijo mi papá? —preguntó Paola con tono sarcástico, y ante el silencio continuó—, que eras un pendejo y que no vas a ver a Santiago, que no te lo va a prestar.

—A lo mejor tu papá estaba pedo —argumentó Julio— y en la peda se dicen muchas idioteces, yo a las 12 de mañana estoy ahí para ver a Santi.

Colgaron y la siguiente llamada sucedió a las 11 de la mañana del sábado.

—¿Qué crees? —preguntó Paola—, que Santiago no está.

—¿Cómo de que no está? —respondió Julio alterado.

—Se lo llevaron mis papás al parque de diversiones con todos sus primos.

—¿Y te pidieron permiso?

—No me avisaron y se lo llevaron así nada más.

—Perdóname, Paola —argumentó Julio fuera de sí—. No se han respetado los acuerdos, me cancelas a cada rato, que chiquiteas al niño, lo que hicieron tus papás no tiene madre, incluso es un delito, se llama sustracción ilegal del menor. Yo creo que ya es momento, te voy a mandar un abogado y a través de él nos vamos a arreglar porque no veo otra forma.

Posterior al incidente, cuando Julio intentaba ver a Santiago el nuevo pretexto fue el dinero.

—Quiero ver a Santiago —pedía Julio.

—No, hasta que me pagues todo el dinero que me debes.

El dinero que exigía Paola era resultado de deudas que habían asumido los dos como pareja para empezar una vida como familia.

—Tú nunca me has dado ni un centavo, nunca —le gritaba Paola.

—¿Cómo de que nunca te he dado dinero?

—Sí, en la vida me has dado dinero, no tienes ni constancias ni recibos de nada.

—Es una culerada que estés inventando que nunca te he dado dinero —argumentó Julio—, pero es más culero que me estés condicionando a Santiago por una cuestión de lana. Tú sabes que hoy no tengo empleo, me estás pidiendo 70 mil pesos… ¿de dónde quieres que los saque para poder ver a mi hijo? Qué caro está ese boleto.

—¡Pues hazle como quieras y chinga tu madre!

Julio buscó un abogado que entabló contacto con Gerardo, el padre de Paola, para solicitar a través de un juicio un régimen de visitas que respetara que Julio pudiera ver a su hijo. Para ese momento Julio acababa de iniciar un nuevo empleo y empezó a depositarle a Paola cinco mil pesos mensuales para la manutención de Santiago.

A su vez, la parte de Paola contrademandó con los siguientes argumentos: "El señor [Julio] cada vez que se lleva al niño lo regresaba enfermo, sucio, desaliñado", "el niño se quejaba del maltrato que le daba su papá y la familia del papá", "el niño regresaba pidiendo que lo bañaran porque estaba todo sucio y con tierra en las manos", para ese momento Santiago todavía no había aprendido a hablar.

La contrademanda pedía guardia, custodia provisional y definitiva para Paola, además de requerir una pensión para ella y para el niño. Para finalizar solicitaba suspensión definitiva del derecho de convivencia de Julio con Santiago bajo el argumento de que Julio era un riesgo para Santiago porque el niño "la pasaba mal" con el papá y porque no sabía atenderlo.

Julio no pudo dar respuesta a la contrademanda porque su abogado desapareció, y contrató a un abogado de toda su confianza.

El 8 de diciembre de 2009, frente a la corte, se le cuestionó a Paola:

—Vamos a resolver las cuestiones provisionales en lo que se llega a una sentencia —dijo el juez—. Sobre la pensión: ¿Usted quiere pensión, señora?

—No, no quiero pensión —se apresuró Paola a responder.

—Sí, no queremos pensión —reiteró el abogado de Paola.

—Respecto al régimen de visitas —continuó el juez—: ¿Usted tiene inconveniente en que el señor Matienzo [Julio] conviva con su hijo?

—No, no tengo inconveniente —respondió Paola.

—Entonces el señor Matienzo va a ver a su hijo Santiago los sábados y domingos de forma alternada una vez por semana —sentenció el juez.

Julio hizo la petición para que las visitas se dieran en un centro de convivencia y para que dieran constancia de que Santiago no llegaba llorando, ni enfermo, ni sucio. El régimen de visitas empezaría a correr desde el 12 de diciembre de 2009.

La primera visita no se cumplió. Las siguientes dos deberían realizarse en casa de los padres de Paola por las vacaciones decembrinas del tribunal.

Para la segunda visita Julio se presentó en casa de Paola con un miembro de la Asociación Mexicana de Padres de Familia Separados. "No puede salir, está enfermo", dijo la madre de Paola a Julio.

Julio, que también se acompañaba de sus padres, tardó en entrar a la casa, y finalmente lo logró. Santiago estaba llorando pero poco a poco se tranquilizó.

Paola estaba ausente y mientras más se acercaba Julio al niño, la abuela de Santiago comenzaba a alterarse.

—Con los pinches cinco mil pesos que le das a Santiago no le alcanza ni para unas mamilas —exclamó la madre de Paola.

Los padres de Julio al sentirse incómodos salieron de la casa.

—Vamos a estar afuera por si nos necesitas —susurró la madre de Julio.

—¡A ver si ya se dejan de meter en la vida de su pinche hijo! —les gritó la abuela materna de Santiago.

—Señora —intervino el miembro de la asociación—, hay que procurar fomentar las buenas relaciones, la cordialidad entre las familias, hágalo por el niño.

Para ese momento Julio jugaba con Santiago.

La presencia de la abuela era insistente y coercitiva.

—Santiago, dale un beso a tu papá —sugería la abuela—, dale un beso o te voy a llevar con el doctor Peñón para que te inyecte.

En ese momento la abuela tomaba el teléfono y simulaba una llamada.

—¿Doctor Peñón? Santiago no le quiere dar un beso a su papá.

El niño comenzaba a alterarse ante la amenaza.

—Mary, si el niño no me quiere dar un beso ahorita, no lo obligues, me lo va a dar cuando él quiera, no le digas que lo van a inyectar.

Julio aprovechó las cinco horas de visita que le correspondían y al concluir la visita aseveró:

—Voy a venir el próximo fin de semana.

—No, mejor no vengas —dijo la abuela—, voy a hacer una reunión familiar y como el niño está enfermo no puede salir. La verdad va a ser muy incómodo tenerte aquí porque va a estar toda la familia, entonces mejor no vengas.

—¡A ver, Julio —intervino el abuelo—, aquí no vas a venir a ordenar nada, el niño no sale y punto! ¡Hazle como quieras!

—No es el lugar ni el momento, menos enfrente de mi hijo —respondió Julio—. Nada más te digo que voy a venir el próximo fin de semana por Santiago.

Julio salió de la casa y el padre de Paola lo alcanzó en la calle mientras gritaba:

—¿Y el pinche abogado que mandaste? ¡A ese güey lo compré! ¡Lo empedé y lo compré!

—Yo he sido muy prudente contigo y con todos ustedes —respondió Julio—, yo pedí el régimen de visitas para que la lleváramos en paz… tranquilo. Ni les estoy quitando al niño, ni me estoy pasando de lanza.

Julio se fue y volvió al siguiente fin de semana. Sólo lo pudo ver una hora y después se retiró previendo que podía tener un problema mayor con toda la familia presente.

La primera convivencia de 2010 se suscitó en el centro de convivencia. La abuela no quería apartarse del niño, y al separarla, Julio logró sacar al niño por otra puerta.

Julio y Santiago fueron al parque, jugaron a los besos y los abrazos. Devolvió al niño a la hora indicada y esperó al siguiente fin de semana para ver a Santi.

El fin de semana siguiente la abuela apareció en el centro de convivencia indignada y dejó al niño abruptamente, como quien entrega un objeto. Santiago comenzó a llorar y tuvieron que llamar a la abuela para que lo tranquilizara.

—Está llorando porque no quiere estar con el papá —argumentó cínicamente la abuela—. Es que no conoce a su papá desde hace dos años, mi nieto tiene terrores nocturnos porque sabe que va a ver a su padre.

Para mayo de 2010, de una convivencia semanal sólo se han llevado a cabo cinco o seis. Los encuentros en los juzgados han sido conflictivos y violentos. Paola ha argumentado que no puede llevar a Santiago a las convivencias por motivos laborales. Han presentado al niño llorando cuando no está permitido ingresar menores a los juzgados, y ante la más pequeña incitación Paola se lanza a gritos: "¡Julio me quiere quitar al niño!"

En una de las audiencias, mientras Julio declaraba ante el juez:

—En el mes de marzo yo me quedé sin empleo.

Paola atravesó la sala para situarse junto a Julio y le dijo al oído: "Ahí fue cuando te engañé". Julio solicitó al secretario que le pidieran a Paola alejarse para continuar con su declaración.

Julio ha recibido este tipo de argumentos por lo menos cuatro veces. Algunas por correo electrónico, otras con amenazas, y en aquella audiencia.

Uno de los correos electrónicos decía: "Págame lo que me debes. Ah, y por cierto, vete haciendo una prueba de ADN porque sospecho que Santiago no es tu hijo".

Julio no acepta hacerse una prueba de ADN porque se asume como padre de Santiago y se haría responsable de él incluso si la prueba de ADN no comprobara su paternidad.

A pesar de que Julio no es una persona que demuestre sensibilidad, la existencia de Santiago ha cambiado su vida y espera pronto poder disfrutar de la relación padre-hijo que siempre se le ha negado.

VIOLENCIA ECONÓMICA[18]
Es una de las formas más sutiles de violencia, que consiste en el castigo a través del control de dinero o de los bienes materiales.

▶▶| En el grupo de opiniones relacionadas con el rol reproductivo de las mujeres, el estereotipo de la mujer, 75.8% de jóvenes creen que la mujer es quien tiene mayor capacidad para cuidar a los hijos enfermos.[19]

▶▶| Contrastando con estereotipos masculinos, los mayores porcentajes que destacan entre los encuestados definen el papel de los hombres como proveedores principales de la familia y los que encabezan la toma de decisiones.

59% de los encuestados para la Envinov percibe que "un buen hombre es el que provee económicamente a su familia".[20]

▶▶| Datos de la encuesta Observatorio de la Mujer en México, de 1999, muestran que:

65.1% de los hombres mexicanos entrevistados "no estarían dispuestos a dedicarse al cuidado de la casa mientras la esposa trabaja".

60% de las entrevistadas "no estarían dispuestas a que el hombre se dedique al cuidado de la casa mientras la mujer trabaja".[21]

▶ En este asunto de la maternidad tenemos la idea de que todas las mujeres quieren ser mamás y que todas las mujeres son felices siendo mamás, lo cual no es cierto… Esto hace que muchas mujeres se obliguen a tener hijos o decidan tenerlos sin realmente querer ser madres. Hay mujeres que no están preparadas

---

[18] Campaña "Amor es sin violencia" para la prevención de noviazgos violentos.

[19] Envinov 2007.

[20] Envinov 2007.

[21] Observatorio de la Mujer en México 1999.

para ser mamás. Esta idea de que todas las mujeres "tenemos el instinto" es una parte que tiene que ver con la socialización, cómo educan a las niñas.

Luciana Ramos
Investigadora del Instituto Nacional de Psiquiatría

▶   Hay que tener en claro que también existen maternidades no deseadas… La construcción de género ha cambiado. Si el hombre acredita que es mejor madre que la madre se puede quedar con la custodia del hijo. A partir de estudios psicológicos de la personalidad se decide quién es la mejor persona para educar al hijo de una forma integral. Qué caso tiene si la mujer no quiere al hijo, si éste obstaculiza su vida profesional. Ahora el hombre puede realizar labores domésticas y generar un ambiente adecuado para el hijo.

Lucía Rodríguez
Abogada feminista

▶   Si no se atiende adecuadamente este tema, tendremos futuras familias violentas donde esta circunstancia se aprenderá por los niños y así avanzaría una cadena sin fin. Al final esto va influyendo en la personalidad de los jóvenes, en su comportamiento con los otros. Si no se atiende la violencia en el noviazgo, estamos generando un caldo de cultivo para próximos delincuentes.

Javier Hidalgo,
Director del Imjuve del Distrito Federal

Besos compartidos

Edwin entró alarmado a la sala de urgencias del Hospital General Balbuena. Por un momento el olor a medicina y a limpiador barato le picó la nariz. Se dirigió a la recepción para pedir informes de Mitzin, su novia, pero se la negaron. Trató de buscar a alguien conocido. A pocos metros se encontraba la familia de su pareja. De inmediato la mamá lo cuestionó como si fuera un policía judicial:

—¿Qué pasó, dónde estabas? ¿Qué le hiciste a mi hija?

Edwin, un poco nervioso, no pudo contestar. Ante los ojos guardianes del padre, la abuela y de los primos, sólo alcanzó a decir:

—Es lo que quiero saber.

Para la familia, él era el culpable del infortunio.

A Edwin le pesaba la nuca conforme avanzaban los minutos. No sabía nada sobre el estado de salud de su chica y eso lo atormentaba. Tenía la boca seca y amarga. Lo alivió la llegada de su madre, quien lo defendió de la manada de lobos. Corría el tiempo, la gente, el ruido. Se encerró el calor en el cuarto de espera. El ambiente era pesado.

Horas antes, Mitzin se había tomado 20 pastillas de rivotril. Subió las escaleras de su casa rumbo a su cuarto con las pastillas en la mano. Quería llorar pero no podía. En el buró buscó el anillo de compromiso

¿Estás seguro de que eres el/la único/a en su vida?

❑ Sí.

❑ No.

❑ No lo sé.

que le había regalado Edwin y se lo colocó en el dedo índice derecho. Se miró en el espejo y en segundos se tragó los "chochos". Se recostó en la cama y sus ojos no parpadearon. En el techo blanco vio la cara de Edwin y con una ansiedad insospechada, mientras se le escurrían las lágrimas por sus mejillas, comenzó a decir:

—Me quiero morir, no soporto el dolor, ¿por qué, por qué?

Al poco, la joven de 16 años escuchó que su corazón latía como un tambor de guerra, vibraba aceleradamente. Sintió un pánico repentino, como si estuviera caminando en un cuarto frío y oscuro. De un impulso saltó de la cama, bajó rápidamente las escaleras y le dijo a su madre:

—Me tomé muchas pastillas y me quiero morir, ayúdame a terminar con esto.

Sin titubear, la señora Pilar la hizo vomitar apretándole fuertemente el estómago. La vista se le nubló, escuchaba a lo lejos un cantar de insectos que pronto zumbaría en su cabeza.

Antes de llegar al hospital, Edwin estaba con Paty, su otra novia. Se hartó de ella y sus reclamos:

—¿Dónde andabas, hijo de la chingada? Te estuve llamando como tu pendeja, ¿qué te traes?

Un par de horas antes, él se había quedado dormido, y cuando despertó tenía 30 llamadas perdidas de Paty en su celular. Edwin no soportó "los panchos" de la chica y corrió a buscar a Mitzin a su casa. Fue demasiado tarde. Una prima le avisó que estaba en el hospital. Sintió que algo le abría el pecho, un punto vulnerable jamás explorado. Su saliva era un veneno azul en la garganta.

Era miércoles, otro día de rutina para Edwin, una rutina exacta. Salía de su casa en Iztacalco a las 13:20 horas para ir por Paty, que salía de la secundaria a las 13:30, se veían en la explanada del Palacio de Bellas Artes a las 13:40. Todo lo tenía calculado el jovenzuelo de 16 años. Tomaban un micro por la avenida Hidalgo rumbo a la temible colonia Doctores, donde vivía su chica, sobre Niños Héroes.

Después de unos besos robados, Edwin se trasladaba en metro para llegar a la estación Apatlaco y poner su puesto de películas pirata. Justo a las 15:00 horas, Mitzin lo esperaba con la mercancía, la televisión y unas sillas. Estaba casi toda la tarde con ella, hasta las 19:30 horas, para regresar con Paty y platicar alrededor de cuatro horas. Otra vez volvía con Mitzin y juntos levantaban el puesto a la una de la mañana. La madre de Edwin pasaba por ellos en su gastado Pointer blanco, cenaban y veían una película hasta las cuatro de la madrugada.

Los fines de semana, la dinámica cambiaba un poco. Todo el sábado y domingo hasta las 20:00 horas Edwin veía a Mitzin. A partir de las 20:30 hasta la medianoche se presentaba con Paty. Con Mitzin iba al cine o de compras a Parque Tezontle y a Paty la llevaba a Parque Delta. Los viernes y sábados por la noche se turnaba para llevarlas a los llamados "reguetones". Justo en esas fiestas Edwin comenzó a experimentar con las drogas, los "chochos" eran su estupefaciente favorito.

Edwin se había convertido en una especie de árbitro de futbol, controlaba totalmente el tiempo de sus novias, marcaba el ritmo del juego, tenía el monopolio de las faltas y las prohibiciones. En una ocasión le ordenó a Paty que se cambiara el short, no le gustaba que saliera así a la calle; "tiene mejor cuerpo que Mitzin, más pierna y mejores caderas", pensó. También le revisaba periódicamente el celular y por cada número de hombre que encontraba le daba una patada en la parte anterior de la pierna, en las espinillas.

Un sábado buscó a Paty en su casa, y su mamá le dijo que se había ido a una fiesta. Edwin se enfureció porque no le había avisado. Impaciente, la esperó unos minutos y le marcó a su celular varias ocasiones sin tener respuesta…

—¿Dónde andas? —gritoneó desesperado.

—Aquí, en mi casa —respondió Paty con una voz de dormida.

—Pues yo estoy aquí abajo y no estás.

—Es que estoy con mi abuelita.

—¡Mejor dime dónde estás, cabrona! Voy por mi moto y te alcanzo.

—No, no. Ya voy a llegar, ando a unas cuadras de mi casa —contestó nerviosa.

—Te espero en la esquina, en la farmacia, pero muévete.

Edwin vio a Paty acercarse y decidió esconderse aprovechando que el alumbrado público no servía en su totalidad. Le salió por detrás, la sujetó por la espalda y la obligó a subirse a la motocicleta. Ella se resistió unos instantes subiendo el tono de su voz:

—No, no quiero, porque me vas a pegar, te conozco.

Al final se trasladaron a una calle más oscura. Edwin se estacionó y la tomó del cuello con tanta fuerza que se marcaron sus dedos, la aventó contra la pared y le propinó un golpe severo en la ceja izquierda. Fue un golpe recto que casi le destroza el párpado. De inmediato el ojo de Paty se hinchó, ella se dobló por el dolor terrible que veloz se expandía en su cabeza.

Edwin sabía dónde pegar, sabía en qué partes del cuerpo sus puños mordían la piel. Él entrenaba en el gimnasio de boxeo Romanza, ubicado en Iztacalco cerca de UPIICSA, del IPN. Su tío era el boxeador profesional Fernando *el Pillo* Trejo, quien lo invitó para que supiera defenderse en la calle.

Por otro lado, las agresiones contra Mitzin fueron siempre de baja intensidad porque Edwin la veía más frágil y tierna. Sin embargo, no se salvó de golpes con las llaves en su cabeza, pellizcos, jalones de cabellos, prohibiciones en la forma de vestir, con quién podría salir a divertirse y con quién no.

Ese mismo jueves 17 de diciembre de 2009 dieron de alta a Mitzin del hospital, luego de un intenso lavado de estómago y suero. La madre de Edwin le recomendó alejarse de ella porque su vida eran "problemas y más problemas". Edwin la ignoró y cuidó de su novia dos semanas completas. Los padres de Mitzin fueron indiferentes y le delegaron toda la responsabilidad.

En esos momentos de relativa calma, Edwin tocó la piel tibia de Mitzin y por un instante olvidó todo lo que sufrió en ese día ingrato en el hospital. Su novia lo miró débil y le dijo con una voz suave:

—Traté de morir por ti, lo hice porque sé que me engañas. No lo vuelvas hacer. Duele mucho, vivir es poco.

Edwin recordó que en días pasados su novia vio en su celular una foto de Paty sin saber quién era ella. Lo peor fue que también leyó un mensaje amoroso de su otra chica. Edwin confundía el presente con lo ya vivido.

El entorno familiar de Mitzin y de Paty es espinoso. El padre y la madre de Mitzin se dedican al narcomenudeo en el oriente de la ciudad de México. Mitzin siempre tuvo acceso a las pastillas rivotril que casi le quitan la vida. Por un tiempo, Edwin, por curiosidad y por tener dinero fácil en los bolsillos, se dedicó a la venta de rivotril o "chochos", mariguana, piedra, cocaína y hachís. Los llamados "chochos" los vendía a 20 pesos por pastilla o tres por 50.

Edwin, a su vez, le enseñó a Paty a drogarse. Le regalaba dosis de mota pero al final ella prefirió el rivotril, como su novio. Casi siempre preferían tomar las pastillas con los amigos en las fiestas "reguetoneras" y echar desmadre un rato.

A Paty le ayudaban a olvidarse unas horas del abandono de su padre. Además su mamá tenía problemas con Edwin porque se enteraba de que golpeaba a su hija y porque nunca le pagó un dinero que le debía a ese joven güero de ojos verdes. Si Paty estaba bien con su madre, tenía discusiones con su novio, y viceversa. El alma desnuda de Paty temblaba de desconsuelo. Sentía que su corazón había sido mordido por un tigre.

A principios de 2010, Edwin invitó a Mitzin a un grupo de Cuarto y Quinto paso, donde asistía su madre por depresión y su padre por drogas, al igual que su hermano. Al grupo asistía gente diversa con distintos problemas de adicciones. Estos grupos afirman que las personas que acuden a las pláticas y terapias necesitan un shock emocional para dejar de sufrir, enfrentar sus culpas y ver a Dios como una guía de fortaleza.

Edwin no sólo sabía de las dificultades que vivían sus novias, sino las de su propia familia. Su padre se fue a vivir con su amante y dejó atrás 20 años de matrimonio. Su hermano mayor siguió sus pasos, dejó a su esposa con sus dos hijos para estar con su nueva novia. Edwin estaba convencido de que podía seguir con las dos hasta el final. Si quedaran embarazadas, "yo me haría responsable de las dos casas. He visto que funciona, yo no soy corazón de piedra".

Una decisión fatal le arruinó momentáneamente la vida a Edwin. Por sentirse más hombre y vivir una experiencia de adrenalina, accedió a asaltar junto con sus amigos de la cuadra un microbús en Calzada de la Viga. Los cuatro jóvenes estaban armados con desarmadores y navajas. Se ubicaron dos adelante y dos atrás. Ni el chofer ni los 12 pasajeros opusieron resistencia. Edwin le bajó a un chavo que tenía pinta de estudiante su celular Sony Ericsson. Edwin era un aprendiz que aceptó entregar la memoria del teléfono al dueño, quien le suplicó que no se llevara sus contactos. Entre risas y mentadas de madre, bajaron del micro y corrieron en diferentes direcciones tras escuchar la ruidosa sirena de una patrulla, que pasaba por casualidad. Edwin fue el único que no pudo escapar de la persecución feroz de los uniformados.

Desde hace mes y medio, Edwin está recluido en la Comunidad de Diagnóstico Integral para Adolescentes esperando que el juez resuelva su situación jurídica.

Ahora Edwin no tiene el control de Mitzin ni de Paty. Ambas le escriben cartas. Todos los miércoles no falta correspondencia de ellas y Edwin siente alivio en su cuerpo. "Paty se volvió más independiente, ya casi termina la secundaria. Cuando salga de aquí quiero comprobar si son ciertos los rumores de que ya anda saliendo con otro chamaco."

Mitzin le cuenta a su novio lo que hace en el día. A Edwin le angustia que de repente caiga otra vez en la depresión y trate de suicidarse, "le contesto que muriéndose no soluciona las cosas. No se imagina el dolor que sentiría si ella se va. Cada vez que pienso en esa posibilidad me pongo a llorar. Mi escape sería andar con otras chavas o drogarme".

Edwin tiene miedo de que alguna de las dos le guarde rencor por los malos tratos que ejerció sobre ellas. Con su voz inofensiva asegura que él no quiere repetir la historia de su padre y su hermano de andar de mujeriegos. Si tuviera que elegir entre las dos, se quedaría con Mitzin, pero no sabe cómo sacar de su mente a Paty. Piensa que tener dos novias es un problema hereditario y por eso dice entre risas: "Creo que el destino me está marcando que yo soy quien tiene que romper con la cadenita".

LOS MICRO MACHISMOS

Son prácticas de dominación y violencia masculina en la vida cotidiana. Procuran que el varón mantenga su propia posición de género, creando una red que sutilmente atrapa a la mujer, atentando contra su autonomía personal.

▶▶| Datos de la Envinov de 2007 revelan:

33.4% de los jóvenes cree que "el hombre es infiel por naturaleza".

Del porcentaje anterior, 36.8% corresponde a mujeres que sostienen dicha afirmación.[22]

▶▶| Sobre el tema de discriminación, se resaltan algunos detalles como que 12.6% está de acuerdo en que "a las mujeres se les debe prohibir más cosas que a los hombres".[23]

▶▶| Por su parte, los resultados de la Encuesta de la Dinámica de las Relaciones de Pareja en Mujeres Jóvenes, de 2006, muestran que la población joven entre los 14 y 25 años expresa:

Más de 87% de las jóvenes no está de acuerdo en establecer relaciones de sometimiento con la pareja pues opina que "las mujeres no obedecen a los hombres" y que "no deben tener relaciones sexuales si no lo desean".

Más de 87% considera que ellas pueden "decidir libremente acerca de trabajar o estudiar", "elegir a sus amistades" y que "no deben obedecer al novio o marido".

Más de 93% indicó que los hombres "no tienen autoridad en el noviazgo" y "no tienen derecho a pegarles a las mujeres bajo ninguna circunstancia".[24]

 Si una chava te dice que su novio la adora porque la acompaña a todos lados, le empieza a decir cómo vestirse,

---

[22] Envinov 2007.

[23] Envinov 2007.

[24] Encuesta de la Dinámica de las Relaciones de Pareja en Mujeres Jóvenes 2006.

le dice que ya no vea a sus amigas, que la quiere toda para él, etcétera, eso es un indicador de que ese hombre va a ser un violento en potencia, está siendo un violento, pero no lo reconoces. Tiene que ver con esta parte de construcción romántica del amor: me cuida, entonces me ama.

Luciana Ramos
Investigadora del Instituto Nacional de Psiquiatría

El machismo es un gran disfraz protector de situaciones violentas. En el machismo todos los efectos que pueden tener son negativos. Los micro machismos se presentan de manera cotidiana, no son conscientes, hay casos de machismos que un sector de la gente aún los entiende como amabilidad. El exceso de caballerosidad, el uso expansivo y abusivo del espacio físico y del tiempo.

Ricardo Ruiz Carbonell
Director de Enlace y Seguimiento de la Fevimtra

Mira cómo esta puta te está dejando

Sonia estaba arriba, desnuda y marcando el ritmo del encuentro. Víctor se concentraba en sus senos de gran tamaño. Tomó la mano de ella y la llevó hasta su cuello y sin palabras indicó con un apretón que quería que se lo oprimiera.

—Agárrame aquí —le pidió Víctor.

—¿No te estoy lastimando? —preguntó ella con un poco de duda.

—No. Pon todo tu peso sobre mi cuello y no dejes de moverte.

—Oye, pero te vas a morir…

—¡Hazlo!

Sonia miraba cómo, mientras ella apretaba más el cuello de Víctor, él se excitaba más. Su rostro se tornaba rojo pero eso no importaba si las olas de sensaciones crecían en disminución al aire. Sonia nunca había cogido como en esa ocasión.

"Hola, soy Víctor y tengo 17 años." Fueron las primeras palabras que Sonia escuchó de él en una reunión de un grupo de jóvenes en la iglesia. Había al menos 10 personas en aquella reunión y sólo con escuchar su voz ella se enamoró.

¿Alguna vez tu novio te ha llamado?

❏ Puta.

❏ Perra.

❏ Zorra.

❏ Fácil.

❏ Hija de la chingada.

❏ Cabrona.

❏ Piruja.

❏ Prostituta.

Sonia tenía 15 años y se obsesionó con él desde aquella reunión. Todos los días, sin falta, Sonia pasaba por la casa de Víctor. Primero se hicieron amigos y pasaron cinco años para que se hicieran novios.

Recuerda que cuando empezó su amistad con Víctor, su madre dejó de golpearla. Hasta ese día Sonia podía ser despertada a la mitad de la noche para recibir una golpiza bajo cualquier pretexto. Algunas veces su madre la encerraba y la dejaba sin comer sin importar que le suplicara a gritos por una ventana que la dejara salir.

Mi madre me pegaba "porque mi abuela le pegaba". "Es como una maldición dinástica", se explica a sí misma cuando piensa en su abuela golpeando a sus 12 hijos a manguerazos. "A mí me fue como en el paraíso en comparación de cómo le fue a ella", dice Sonia refiriéndose a su madre.

La etapa adolescente de Sonia no fue nada fácil. Para cuando Víctor entró a su vida, ella se prendó también de su familia. "Su familia era mi familia", expresa Sonia sin pasar por alto que Víctor también fue objeto de los maltratos de sus padres alcohólicos.

Sonia se hizo dependiente de la familia de Víctor, sobre todo cuando consideraba que con ella tenían gestos que ni su madre había tenido con ella. A veces le daban dinero para que pudiera ir a la universidad, a veces le preparaban un poco de fruta para que comiera algo en la escuela.

El cariño y la dependencia la hacían soportar un primer comentario amable que después de tres tragos de alcohol se convertía en el comentario más hiriente que ella pudiera recibir.

Los dos primeros años de su relación sucedieron en el Distrito Federal. En ese tiempo Víctor jugaba a leerle el pensamiento a Sonia y la "psicoanalizaba". Él sabía que tenía completo control sobre ella.

Él pasaba por ella a la escuela. A las cuatro de la tarde iban a recoger a la mamá de Víctor, de ahí a comer a casa de la abuela, quién además "tenía la atención" de enseñarle a cocinar. Siempre terminaban en casa de Víctor para ver la tele hasta las 23:00 horas. Si Sonia tenía tarea, a él no le importaba. Desde ese tiempo los amigos se acabaron para ella.

Los tres años se convirtieron en un romance de fin de semana, luego de que él se mudara a Puebla.

La rutina de lunes a viernes era ir por las mañanas a la escuela. Al llegar a su casa por la tarde, Víctor la esperaba conectado al Messenger. Pasaban toda la tarde hablando y era casi imposible que ella faltara a la cita.

Lucero, madre de Sonia, no soportaba a Víctor y solía gritarle:

—¡Todo el día te la pasas en el Messenger y no haces nada!

Pero a Sonia poco le importaba si despegarse de la computadora le implicaba soportar los cuestionamientos de Víctor.

"¿Dónde estás?", "¿Me engañas?", "¿Por qué te has ido?" Pasar una y otra vez por aquellas preguntas la hacía estar con los dedos pegados al teclado todos los días.

Al llegar el viernes, Sonia esperaba que Víctor regresara de Puebla para que salieran. A la medianoche la llevaba a su casa y se seguía de fiesta con sus amigos. El sábado volvían a salir, a la misma hora ella estaba de vuelta en casa mientras Víctor seguía la fiesta con sus amigos y "se alcoholizaba mamonamente". El domingo Sonia llegaba a las 14:00 horas a casa de Víctor y lo encontraba totalmente destruido por la cruda.

—Aaayyy ven. Me siento muy mal —le decía Víctor mientras empezaba a llorar. Sonia sabía que debía curarle la cruda con compañía y sin réplica alguna—. Acuéstate conmigo —la llamaba a la cama para terminar cogiendo con ella.

"Un güey crudo no coge chingón. Entonces yo sí me quedaba 'malcogida' todo el tiempo… toda la semana, porque tampoco lo podía engañar porque era mucho el control que tenía sobre mí", dice Sonia con frustración.

Después de coger Sonia siempre quedaba adolorida. A veces ni siquiera lo disfrutaba. Pero al final se acostumbró.

Se acostumbró a que Víctor se excitara si lo rasguñaba y a que se viniera en 15 minutos. A veces le prometía que "duraría dos canciones" y ella esperaba sentir algo antes de aproximarse a la nota final.

Luego se obligó a excitarse cuando él la tocaba intensamente y así dejó de sentir dolor.

—¿Te veniste?

—Aahhh, sí —le contestaba Sonia sin certeza.

—Ah, bueno.

"Para yo no quedarme así, porque me daba mucha pena que yo no me viniera, para no pasar por esa vergüenza, me obligué a venirme rápido; esperaba que me penetrara muy rápido y todo me dolía. Me acostumbré a eso, a que el placer estuviera asociado con el dolor", explica Sonia.

Sonia no besa suavemente, cuando lo hace muerde, rasguña y le excita que la nalgueen. Se considera una persona agresiva a la hora de coger y necesita tener el control.

"Ya no me pude acostumbrar a ser de las mujeres que se dejan seducir y que primero estás en el sillón y luego te llevan a la cama", expresa Sonia con total conciencia de los fantasmas que rondan por su cabeza.

Algún tiempo le sucedió que mientras salía con alguien, a la mitad de la cena aparecía en su cabeza el siguiente pensamiento: "Este güey quiere coger". Pero el pensamiento no era casual… se volvía una obsesión en su cabeza hasta que se aventuraba a argumentar:

—Quieres coger, ¿verdad? Tú sólo quieres coger. Pues no vas a cogerme.

"A mí el güey me gustaba y a todo mundo le gusta coger, es como una ley universal, entonces mientras me llevaba a la cama o me llevaba a su casa o lo llevaba a mi casa le decía: 'No vamos a coger'. Y mientras cogía con él terminaba por decirle: 'No sólo sirvo para coger'."

De la cena a la cama... del sillón a la cama... del lugar que fuera a la cama. Sonia siempre "sentía como si fuera directo al matadero. Sabía que después de coger no iba a haber más o que después de coger este güey iba a salir corriendo". Sonia no puede pasar por alto el eco de la voz de su madre, una mujer de Jalisco, de familia muy conservadora: "Es que tú no entiendes, si le vas a dar las nalgas, no se las des gratis, que te ponga casa y que te compre coche. Ya sabes que en cuanto se las des se va".

Un 15 de septiembre, recuerda Sonia, por primera vez se quedaría a dormir en casa de Víctor. Los padres habían salido de viaje y ella había dicho en su casa que iría a una piyamada con sus amigas.

Habían comprado pozole para cenar juntos. Él empezó a tomar, vieron por la televisión "el Grito" y al tercer trago sonó el teléfono de Víctor.

—Era César, me dijo que si no quería ir a la noche mexicana.

—Pues si quieres ve. Llévame a mi casa, yo le puedo decir a mi mamá que ya siempre no se hizo la famosa piyamada.

—¿Qué? ¿Tú crees que es muy fácil dejarte así? ¡No tienes respeto por nuestros compromisos!

Sonia callaba.

—Eres una niña. "El que con niños se acuesta, mojado amanece." ¡Y ve, lo estás demostrando! —gritaba Víctor mientras se dirigía a la cocina.

Volvió a la sala con un cúter en la mano y empezó a cortarse a sí mismo.

—¡Es que tú no me entiendes!

—¡Espérate, Víctor!

—Mira lo que me haces hacerme.

—Ten cuidado —le dijo Sonia mientras trataba de acercarse—. Oye, cálmate —volvió a insistir.

Y cuando estaba suficientemente cerca, Víctor la aventó sobre la mesa de centro, ella cayó al piso y lo único que pensó fue: "No mames, este cabrón me va a matar".

Agarró sus llaves y corrió a la puerta. La encontró cerrada con llave y vio cómo Víctor se levantaba del sillón sangrando hacia ella.

Ella sólo pudo sentir miedo y se vio atrapada. Subió por la escalera y se encerró en el cuarto de Víctor.

Víctor pateó la puerta por al menos 10 minutos.

—Ábreme, vieja pendeja —le gritaba mientras Sonia lloraba y se paralizaba.

Por fin dejó de patear la puerta y ella se animó a abrir. Víctor se arrodilló, le pidió disculpas y le prometió que nunca volvería a pasar.

"Terminamos cogiendo. Siempre fue así", concluye Sonia de aquella noche.

Cinco años de relación incluyeron que Víctor revisara el celular de Sonia a placer. Alguna vez la acusó de puta y argumentó que Sonia se acostaba con un maestro sólo por haber obtenido un 10 de calificación. No faltó el día en que Víctor descubrió un cabello sobre la ropa de Sonia mientras miraban la tele para que arremetiera contra ella:

—¿De quién es? —decía Víctor enfurecido.

—Víctor, ese cabello es tuyo, es negro y corto.

—¿Con quién me engañas? Ese cabello no es mío.

—Víctor, es tuyo.

—Mi cabello no es así, éste es corto, más corto que el mío.

Sonia ya no podía con los argumentos de Víctor y recordaba una frase que escuchó en la mesa familiar cuando el papá de Víctor, ya entrado en copas, decía: "Cuando una mujer engaña, el hombre debe espulgarla para saber si lo engaña".

A cinco años de haber empezado esa relación, las cosas no iban bien, y ella y Víctor llevaban tiempo sin hablarse. Un día Sonia sintió que lo que le sucedía "era como una plaga" y respiró un poco con el siguiente pensamiento: "Si no me quito a este cabrón ahorita, me empezará a llenar la cabeza de cosas como 'me necesitas', 'nadie te va a querer como yo', 'nadie te va a tratar como yo', 'nadie es tan importante para ti como yo'".

Era el cumpleaños de Sonia y Víctor se había encargado de llenarla de regalos. Con tanto detalle Sonia sentía "clarito como me jalaba hacia el hoyo".

"¡Chingas a tu madre!", se dijo para tomar valor, agarró todas las "pendejadas" que Víctor le había regalado, las metió en una bolsa y se dijo: "Ándale, cabrón, para que no me digas que anduve contigo por interés".

Pensó que no podría ir sola porque se expondría a que Víctor la mareara de nuevo con sus argumentos.

—Súbete al coche —le dijo Sonia a su papá.

—¿A dónde vamos?

—¡Súbete al coche!

Se dirigieron a casa de Víctor, al llegar se estacionaron frente a la casa. Sonia bajó y tocó el timbre para que Víctor saliera.

—¿Qué quieres? —le dijo Víctor, no la dejó contestar y continuó cuestionando alterado—: ¿Quién está en el coche? ¿Con quién vienes?

—Con mi papá.

Sonia tomó un poco de aire y le dijo:

—Víctor, te vengo a entregar todas tus cosas. La neta es que me duele mucho, vas a ser importante para siempre en mi vida, pero ya no quiero andar contigo. Esto está muy enfermo, ya llevamos cinco años… esto está muy enfermo.

—No. No me puedes dejar, pero si tú eres una pendeja. ¿Qué vas a hacer sin mí?

Sonia recordó cada uno de sus argumentos y sabía lo que vendría a continuación, porque la conocía perfectamente. Volvería a decirle pendeja o "ni tu madre te quiere", para ese momento ya le daba igual.

—Bueno, sí, aquí están tus cosas. Muchas gracias, cuídate mucho, ya me voy.

Sonia se dio la vuelta y alcanzó a escuchar cómo los gritos de Víctor se le encajaban en la espalda mientras su padre la miraba desde el coche.

—¡Te vas y eres una pinche puta! ¡Eres una puta!

Víctor nunca se cansó de decirle puta. En ese momento Sonia se volteó para gritarle:

—¡Mira cómo esta puta te está dejando!

ASFIXIOFILIA O HIPOXIFILIA

Placer produciendo hipoxia. El estímulo es estrangular, asfixiar o ahogar a la pareja durante el acto sexual, con su consentimiento y sin llegar a matarla. También llamada estrangulación erótica.

 ## MALTRATO INFANTIL

El maltrato hacia los niños y niñas es la semilla que en la vida adulta genera diversas formas violentas, así como la incapacidad de resolución y negociación de conflictos en las relaciones interpersonales. Por esta razón es que se ve como algo natural el ejercicio de la violencia, por ello es importante conocer el ambiente familiar donde los jóvenes pasaron la infancia y vincular estos antecedentes con las conductas actuales.[25]

▶▶| Según las entrevistas realizadas en la Envinov 2007:

En 21.3% de los hogares de los jóvenes había insultos.

Del porcentaje anterior, 55% corresponde a hogares urbanos y 45% a hogares rurales.[26]

> Está un sector de mujeres que siguen siendo violentadas terriblemente con todo y que ha habido un avance en sus derechos. Tú vas a los sectores populares, señoras que les pegan a las hijas, las hijas se salen de las casas muchas veces porque viven violencia y entonces se enamoran de un chavo con la idea de que las va rescatar. Ellas de alguna manera se involucran en un noviazgo violento sin conocer a la otra persona.

Luciana Ramos
Investigadora del Instituto Nacional de Psiquiatría

---

[25] Envinov 2007.
[26] Envinov 2007.

▶ En muchos casos después de una crisis o pelea, mantener relaciones sexuales es un amortiguamiento para la situación de violencia. Estamos hablando de dos factores de sumisión y dependencia. Es un pacificador para nuevas situaciones violentas. Ellas permiten relaciones para que existan días en buenos términos.

Ricardo Ruiz Carbonell
Director de Enlace y Seguimiento de la Fevimtra

Doble vida

La mente de Luis Enrique era un caos, sentía la resaca de su borrachera de la noche anterior en Garibaldi. Pensó que la combinación de alcohol y canciones de José Alfredo Jiménez iba a ser la poción mágica para olvidar a Melisa. Al despertar, tuvo la impresión de que algo pasaba a su alrededor y le daba miedo. Como si el silencio cayera sobre su frente y le revelara de pronto: Melisa te engañó.

La relación con su novia ya no funcionaba. La rutina los había agotado. Ella siempre le reprochó un labial y un bolso de mujer que encontró un par de ocasiones en su confortable Jetta azul marino. Él le respondía que ya no era la misma de antes, que sólo le gustaba andar de desmadre con sus amigas.

Con ella veía más colores en el arcoiris. Ambos miraban en una misma dirección. Pensaban que nadie los iba a separar. Pero su novia, con la que llevaba dos años, le confesó un día de muertos:

—Somos muy diferentes, Luis. Creo que ya no me sirves como pareja, ni como amigo ni como amante.

Luis Enrique quedó devastado. Sintió una gran tristeza y además decepción.

¿Tu novio/a te vigila?

❏ Sí.

❏ No.

Aquella cena en casa de Melisa se convirtió en un banquete amargo.

Desesperadamente le cuestionó dónde había estado un mes antes mientras él festejaba el cumpleaños de su mejor amigo en el bar El Imperial. La miró fijamente a sus ojos grandes y negros, quería sacarle con la vista una respuesta, escuchar la verdad aunque doliera.

Melisa por primera vez se sintió intimidada al lado de su chico. Sin embargo, le contestó con una voz retadora:

—Ya te dije que en la Cancillería estuve de comisión.

Luis Enrique empezó a golpear el plato con el tenedor, provocando un ruido desesperante...

—No es cierto, Melisa, estuviste en otro lado, eres una mentirosa —le respondió casi gritando o al menos eso pensó...

En días pasados había descubierto en la red social Hi5 un mensaje revelador de un primo de Melisa: "Hola, flaca, cómo estás. El sábado te vi en el Ámbar muy bien acompañada y ni me saludaste, eh, cuídate".

—Bueno, sí, fui ahí con unas amigas, ¿cuál es tu problema? —se levantó molesta, no por lo que hizo aquella noche con un reportero de TV Azteca, sino porque ya no podía salvar su integridad. Por lo menos con él.

Luis Enrique le exigió explicaciones pero fue inútil. Sin darse cuenta comenzó a llorar de una forma tan desgarradora que hasta ella sintió que su corazón podía estallar. Se prometió no buscarla nunca, borrarla de su vida para siempre. Pero aquella voz de rechazo de Melisa lo acechaba a cada paso.

Dicen que los recuerdos sirven para ser feliz o infeliz, nunca para comprender, y eso le estaba pasando a Luis Enrique.

Llegó a su casa de Coapa furioso y derrotado. En el baño azotó su celular contra el piso, no podía soportar la indiferencia de Melisa. Comenzó a lastimar sus puños contra la pared hasta sangrar, y enloqueci-do aventó la tapa del retrete, destruyéndola en mil pedazos. Estaba dolorosamente herido. Fatigado, se quitó los lentes y se miró en el espejo por unos segundos, suficientes para ver reflejados sus labios delineados. Luis Enrique ya no sería el mismo.

Tuvieron que pasar 30 días para que Melisa se diera cuenta de que estaba cometiendo el error más grande de su vida. Corrió a buscar a Luis Enrique con la misma ilusión que cuando aceptó ser su novia en noviembre de 2005. Se vieron en el pequeño parque de la colonia Villa Quietud, a unas cuantas cuadras de la UAM-Xochimilco. Nerviosa, lo vio a los ojos y no le pudo sostener la mirada. Se sintió un ser repugnante. Le dijo con una sinceridad apabullante:

—Nada te apartará de mí, Luis, y nada me dará consuelo salvo tu contacto, me declaro perdida sin ti —Luis Enrique se quedó sin respiro, notó en Melisa un arrepentimiento total.

Dejó atrás un mes de lágrimas nocturnas, bajó 11 kilos por dejar de comer, pesaba 68 cuando la vida le sonreía. En su primer trabajo en Marketing Plus casi lo corren por sus distracciones. Luis Enrique, con la autoestima por los suelos, la perdonó sin condiciones. Fue demasiado sencillo para su inmensa soledad.

Luis Enrique pensó que se había curado no sólo de la traición de Melisa sino también de la de su ex novia Amanda, una mujer que lo dejó por un trovador hippie. Se volvió una persona desconfiada, tanto, que ya no le gustaba su apariencia, odiaba su cara.

Una noche de febrero de 2008, Luis Enrique invitó a su novia a quemar discos en su cuarto. Era la primera vez que Melisa conocía su espacio íntimo, lo vio muy ordenado y confortable. Observó su gran colección de rock ochentero y sus múltiples discos de Pink Floyd. También muchos pósters de Pampita, una modelo argentina.

Melisa empezó a usar la computadora y el internet. Le dijo a su novio que nunca se imaginó un lugar tan cómodo, que cualquier mujer podría dormir profundamente sin despertar. Lo que no sabía era que Luis Enrique había instalado en la laptop el software Messen Pass para detectar las contraseñas de ella en Hi5 y Hotmail. A pesar de una renovada felicidad, intuía que su pareja hacía cosas con otros hombres, tenía sospechas que no lo dejaban en paz. En la madrugada y sin perder tiempo, empezó a checar fotos, correos, información personal.

Luis Enrique no descubrió nada comprometedor, sin embargo el amigo incómodo, Christhoper, siempre estaba ahí, en los mensajes y en las fotos. Esto le causaba unos celos irritantes, pensaba que era su competencia real. Y no esperaron los reclamos contra Melisa…

—¿Qué haces con ese güey en todas tus fotos? —le dijo enojado por teléfono.

—¿Cuáles fotos? ¿Qué güey? No me grites, Luis, sabes que me incomoda esta actitud —contestó desconcertada.

—No te hagas la mustia, sabes perfectamente que Christhoper siempre ha querido contigo, por eso anda ahí de pinche perro —soltó con cierta hostilidad, mientras respiraba mecánicamente.

—Qué te pasa, sabes muy bien que es mi mejor amigo, no te metas con él.

—Está bien, sólo te digo que abras bien los ojos.

Los celos de Luis Enrique aumentaron, comenzó a obsesionarse más y más. Sabía que era imposible instalar una cámara en el cuerpo de su amada, pero sí la podría vigilar muy de cerca. Melisa se sintió hostigada y tomó una actitud distante, tal vez por orgullo. Empezó a salir sin él, ya no lo invitaba a sus reuniones familiares o simplemente hacía cosas que alejaran los desplantes de su pareja.

En las noches, cuando sabía que se iba de antro con sus amigas, Luis Enrique escondía su auto para enterarse a qué hora llegaba y con quién.

A altas horas de la madrugada le comenzaba a marcar 10, 20 o 30 veces, hasta que ella lo mandaba a buzón. No la dejaba en paz un instante.

Sabía que su hora de salida del trabajo de comunicación social en la Secretaría de Relaciones Exteriores era a las 15:00 horas y hacía 20 minutos de trayecto para estar en casa. Ahí estaba Luis Enrique en su hora de comida, siempre vigilante. Si llegaba un poco tarde le marcaba desesperado, le pedía explicaciones, se volvía loco: él no tenía su propia vida.

Así era su vida rutinaria. Marcarle por los menos 30 veces al día o mensajearle 50 ocasiones para saber dónde estaba. No la dejaba respirar. Llegó a dudar de todo el mundo.

Dejó de espiarla afuera de la casa, luego de que el papá de Melisa lo descubriera un jueves por la noche con unos binoculares en mano. Su novia no quiso creer esta versión de su padre, pensó que sólo lo decía para fastidiar y desestabilizar la relación.

A pesar de todo, Luis Enrique se atrevió a conseguir el nombre del ejecutivo bancario que atendía a Melisa para investigarlo porque siempre hablaba muy bien de él. Luis Enrique no quería que su amor del alma estuviera con otro.

Espiando los correos electrónicos, supo que Melisa tomaría un café con el banquero en un Sanborns. En su angustia, Luis Enrique fue a buscarla y visitó un total de ocho lugares para confirmar su infidelidad. La vio de lejos muy sonriente y entró como un relámpago. Observó que no era café lo que tomaban, sino cerveza. Sacó de su cartera un billete de 500 pesos y lo dejó en medio de la mesa.

—Diviértanse, yo pago esta ronda —dio media vuelta y se marchó. Melisa quedó estupefacta e indignada. No supo qué decir. Sólo miró al disimulado ejecutivo de cuentas dando tragos a su espumosa bebida.

Al final, Luis Enrique siempre le mandaba un mensaje pidiéndole que lo perdonara: "Te amo demasiado, no sé lo que me pasa. No quiero perderte, Melisa. Espero que me entiendas, te prometo que no volverá a suceder. Besos".

Según el escritor francés Roland Barthes, los celos son un sentimiento que nace del amor. Como celoso se sufre cuatro veces: porque estoy celoso, porque me reprocho al estarlo, porque temo que mis celos hieran al otro, porque me dejo someter a una nadería: sufro por ser excluido, por ser agresivo, por ser loco y por ser ordinario.

Melisa, cansada de tener como novio a un guardaespaldas, le aplicó la "ley del hielo". Sólo hablaría con él cada vez que entrara a espiar su correo electrónico, le dejaría mensajes en su bandeja de entrada. Estaba dispuesta a jugar su juego perverso. Luis Enrique sentía vergüenza por lo que había hecho pero no podía controlar sus celos obsesionados, tenía una enfermedad crónica, un virus que le nublaba la vista poco a poco.

Quiso hablar con Melisa pero no pudo, siempre le decía que estaba trabajando o que iba a salir con sus amigas. No tenía tiempo para él. Luis Enrique no sabía cómo sacar su noviazgo del pantano. Maldijo su cuerpo lleno de tedio y de frustración. En un arranque compulsivo fue a varias tiendas exclusivas de mujeres y compró 30 mil pesos en diversos artículos. Sus tarjetas de crédito hasta el tope. Cada vez que veía una blusa, unos zapatos o algún accesorio, pensaba cómo se vería Melisa, tan hermosa y delicada, con sus labios carnosos y humectados. Le fascinaba su pelo cuidadosamente peinado y la suavidad de sus manos delgadas.

Todo llegó precipitadamente a la memoria de Luis Enrique. Desde que tiene conciencia de las cosas, siempre se ha sentido diferente. Cuando era niño, solía jugar con sus primas. Le gustaban los juguetes de niñas, no le interesaba estar con sus hermanos ni con sus primos. Le encantaba ver los disfraces de hadas y mariposas en los festivales de primavera, pero sabía que eso era cosa de nenas y que era malo pensar así, según las reglas familiares.

Esto le causó una gran tristeza y se lo calló. No había forma de transgredir las buenas costumbres, estaba prohibido hacer lo que sentía. Luis Enrique tenía tres hermanos mayores, su padre y su madre. Su familia es conservadora, de ahí que creciera reprimido por esas "ideas infernales".

En segundo de secundaria se puso por primera vez una prenda femenina, las medias de seda de su mamá. Fue un momento que lo marcó toda su vida. Se sintió adorablemente raro. Como si Eva comiera del fruto prohibido. Luis Enrique persiguió todo aquello que le dictaba su mente y su corazón.

A la primera persona que le contó sus inquietudes femeninas fue a una amiga de la Preparatoria 2 y encontró en ella un apoyo incondicional. Su amiga Daniela le dijo con una voz luminosa:

—Te quiero ver como una mujer, cubre tu deseo y que se refleje en tu rostro.

Iban a su casa y le prestaba ropa, le regaló varios accesorios, lo maquillaba y le enseñó algunos tips de cómo ser una chica real.

Luis Enrique tuvo cinco novias formales y a la única que le contó su secreto fue a Melisa, cuando apenas llevaban 10 meses de relación. En ese mes de septiembre de 2006 se sentía deprimido, ya no quería ocultar su atracción por vestirse de mujer. Todo empezó por un juego con Melisa. Un día ella le dijo a Luis Enrique…

—Oye, tienes unos labios súper bonitos, carnosos, ¿dejas que te los pinte?

—No, Melisa, ¿cómo crees? —respondió muy nervioso moviendo la cabeza.

—Ándale, por favor, ¿sí? Un ratito, sólo es para verte.

—No, ya te dije que no, ¿qué onda contigo?

—Anda, vas a ver que no pasa nada, estamos solos, tranquilo.

—Bueno, pero si luego me gusta, no te vayas a quejar —aceptó con una advertencia real, como una prueba futura.

No sabe de dónde sacó tantas fuerzas pero se atrevió a confiar. Dos días después del juego, Luis Enrique le contó todo: que le gustaba vestirse de mujer, que cuando se ponía peluca y se maquillaba se veía realmente como una chica.

Se sentía más seguro y diferente como Daniela, así se autonombró, como su amiga de la prepa. Su mundo cambia cada vez que camina con tacones por las calles azules, se identifica más con el cuerpo de una mujer, ve el mundo más fácil. Es un gozo inesperado, que no quiere abandonar, pero se detiene aún en el lugar donde olvidó su rostro.

Melisa no supo qué decir, se quedó en shock. Sólo preguntó por qué y se fue pasmada a su casa. Luis Enrique no tenía respuestas, no sabía por qué aquella sensación de su infancia se quedó en su mente, en su deseo. Al día siguiente no lo buscó, ni él a ella. Pensó que todo iba a terminar, pero tres días después Melisa habló y le dijo que lo amaba mucho y que quería entender por qué lo hacía.

—Yo te quiero ayudar, pero necesito que confíes en mí.

Luis Enrique se sintió completamente feliz. Sin embargo, Melisa le dijo con una honestidad dolorosa:

—Tenemos un buen tiempo juntos y te amo. Pero si esto lo hubiera sabido antes de andar contigo, supongo que jamás te habría hecho caso.

Luis Enrique se sentía incómodo de que le dijeran travesti, le daba miedo, decía: "Yo no soy eso", y de inmediato buscaba culpables. Su padre era la carta perfecta: le reprochaba sus ausencias en la infancia, sus borracheras infinitas, casi no estaba en casa por el trabajo. Su familia lo despreció cuando se enteraron de su travestismo. Sólo su madre lo apoyó. Su papá fue tajante y la sentencia aún no pierde vigencia: "Si sigues con tus locuras olvídate de tu familia, si no dejas tus jueguitos yo me encargo de que no nos vuelvas a ver". Sus mejores amigos están ahí con él y han visto a Daniela en varias ocasiones. Para ellos fue algo raro y divertido conocer otra personalidad en un mismo cuerpo.

Luis Enrique no reconocía que él vivía para destruir su relación. Estaba entre una alucinación que lo iba violentando todo. En su vida profesional era un desastre, con su familia tuvo diferencias por sus cambios bruscos de personalidad. Todo su tiempo lo agotaba en investigar a Melisa. Tanto amor embriagado apresaba el momento. El amor más soberbio, nunca acercará por un instante lo que fue dispersado.

Su mente era tan poderosa que le decía que Melisa lo engañaba, eso lo fue apartando poco a poco de su vida. Luis Enrique contrató los servicios de un detective privado. Realizó algunas cotizaciones y la mejor fue la empresa Detectives Privados México A. P. Le cobró 12 mil pesos en un lapso de 15 días para dar resultados.

Presentó los datos completos de su chica, una foto, las placas de su coche, direcciones de su casa y del trabajo. El detective le daría un material completo que consistía en fotos, videos, reportes por escrito y hasta grabaciones. El profesional del espionaje le aseguró:

—Si ya llegaste hasta aquí es porque seguramente te engaña. El 90% de las personas que acude aquí salen positivos.

Al mismo tiempo, Melisa le daría un ultimátum:

—Si no acudes a tratar tus celos con algún especialista, olvídate de mí.

Su novia le insistía por correo electrónico que estaba harta de seguir así, que lo quería pero también amaba su propia vida.

—No todos somos como tú, Luis. Yo confío en ti, te acepto como eres, desde un principio te lo dije. Pero tu desconfianza está pudriendo todo.

Luis Enrique sabía que era la última oportunidad para recuperar lo perdido y tomó terapia con una psicóloga. Se sentía como un anormal, un *freak* enamorado. La psicóloga y el psiquiatra de inmediato le explicaron que estaba a punto de caer a un abismo doloroso. Le diagnosticaron esquizofrenia, trastorno compulsivo obsesivo. A nivel clínico, su cerebro estaba segregando una hormona que provoca una fijación en una sola idea, es decir, toda su atención estaba en crear historias de infidelidad. Su cuerpo y su mente no descansarían hasta verlas hechas realidad.

El psiquiatra le recetó un tratamiento de dos meses que consistía en tomarse unas gotas y pastillas rivotril. El medicamento lo tenía que tomar tres veces al día. Luis Enrique andaba como zombi todo el día, hablaba muy lento, tenía sueño, la mente se le ponía en blanco, se sentía drogado. Ya no estaba disfrutando su vida y ni siquiera pensaba en su futuro con Melisa.

A las dos semanas decidió suspender el tratamiento, ya no quería estar sedado. Fue a buscar a su chica para decirle que quería aprender a confiar en ella. Que le dolía su actitud indiferente…

—Perdóname, Melisa, sé que no tengo cara para decirte que estoy arrepentido. Yo no era así, celoso y desconfiado. Acuérdate que tú me cambiaste por otra persona.

—Ah, ahora andas sacando eso. Yo ya no sé si te quiero, Luis, creo que ya no te quiero incluir en mi vida. Me hiciste mucho daño.

Dándole unas palmaditas en la espalda, Melisa remató con una mirada altiva:

—Lo que duremos, qué bueno, échale ganas, el mundo no se va a acabar conmigo o sin mí.

—Melisa, no me digas eso, por favor. Quiero decirte todo, que te seguí como un enfermo, que te investigué profesionalmente. Soy un cerdo, lo sé, pero llevo más de un año en terapia, tratando de cambiar y ser lo mejor para mí y para ti.

—Nunca te vas a enterar de cuándo y con quién te engaño —rió con desprecio—… Mejor no sigas indagando, cómprate una vida, Luis. Lo mejor es darnos un tiempo.

Luis Enrique se sintió tan humillado que salió corriendo de la casa de Melisa. Mientras escapaba decía en su mente: "Te voy a demostrar que no soy así y que no te vas a encontrar a alguien mejor que yo". Estaba enfurecido consigo mismo, aquel episodio tenebroso lo hizo más fuerte.

Le dio el espacio a su novia y se ocupó realmente de su vida, de su familia y de sus amigos. Hizo un esfuerzo inmenso. Sólo le mensajeaba una vez al día para saludarla, ya no le marcaba con la misma frecuencia. Desempolvó su bicicleta Vagabundo, le puso llantas nuevas y salió a rolarla todos los domingos a Ciudad Universitaria. En las noches corría en el parque de su casa, se concentró en su trabajo. Todo regresaba a la normalidad. Nada adolescente, ridículo y desesperado.

A finales de marzo de 2009, Melisa le dijo que estaba embarazada. Luis Enrique sintió un vacío en el estómago y la primera reacción que tuvo fue negar su autoría. Tenían más de un mes de no tener relaciones sexuales, era imposible. Hizo cuentas de calendario y no cuadraban. Recordó que el 14 de febrero Melisa le dijo que no iba a estar con él porque tenía comisión en Colima. El último informe que le dio la empresa de detectives era implacable: su chica vio a un hombre a la una de la tarde y llegó a su casa a las 22:00 horas.

Melisa quería abortar pero Luis Enrique no la quiso apoyar. Pensó que un hijo los iba volver a unir. Melisa le dijo que era una persona egoísta, que se alejara para siempre de su vida. Él le dijo con tanta tranquilidad que el viento arrastraba su voz:

—Siempre te voy amar, eso no me lo puedes impedir. Es problema mío. Te deseo lo mejor, siento mucho que terminen así las cosas.

Siguió con su vida normal, se sentía tranquilo por mostrarse ante Melisa tal como era, sin máscaras. Aunque extrañaba en el fondo su perfume y sus besos. Dos semanas después, Melisa pensaba lo mismo y le pidió que regresaran. La vio llorar como nunca la había visto, le rogó y le pidió una última oportunidad.

Luis Enrique no sabía qué hacer. No sabía si el arrepentimiento era real. Sin embargo, sabía que en esos instantes su relación amorosa se podía hundir o navegar sin rumbo fijo. Melisa siempre fue su espejo, para verse tenía que mirarla. Aceptó y se abrazaron sin poderse despegar, como ya no lo hacían desde hacía mucho tiempo.

Luego de cuatro años de noviazgo, Luis Enrique está resignado. Sabe y siente que Melisa no podrá llenar su parte femenina. Empieza a sentirse como una olla exprés, tiene mucha ansiedad. Ella acepta su travestismo de una forma hipócrita, quizá nunca lo acepte. Hubo un acuerdo de palabra, que consistía en que Luis Enrique era libre de vestirse de mujer pero que ella no lo supiera. Sin embargo, Melisa no lo cumplió. Lo fue limitando y se fue alejando poco a poco del hombre que amaba. Lejos quedó el día en que se conocieron en el Sears de Plaza Insurgentes, donde trabajaba en aquel lejano 2005: de pronto el silencio enmudeció cuando sus labios se tocaron.

Hace seis meses Luis Enrique y Melisa se casaron en Cuernavaca, Morelos. Luis Enrique se tragó las infidelidades de Melisa porque la ama, porque no hay ni habrá una mujer que acepte su travestismo. "Aunque me ponga el cuerno y me trate de la chingada no importa, quién más me va aceptar así." Su esposa quiere formar una familia, ése siempre ha sido su sueño. A veces es necesario mentir para salvar las apariencias. Luis Enrique y Melisa viven una doble vida.

VIOLENCIA PSICOLÓGICA[27]

Este tipo de violencia es entendido como el abuso emocional, verbal, maltrato y menoscabo de la estima hacia una o varias personas.

▶▶| Los resultados de la Envinov 2007 en este rubro sobre violencia psicológica indican que 76% de los jóvenes son víctimas de esta forma de agresión. La mayor incidencia de este tipo de violencia se da en áreas urbanas en un 76.3% y en el área rural en un 74.7%.[28]

▶ El primer paso para salir del círculo violento es que ellos reconozcan su violencia. El ejercicio de su violencia en contra de su pareja. El segundo proceso es a nivel profesional, la exploración del yo interno mediante terapias. Sacar a flote cuáles son los motivos por los que ejerces violencia contra tu pareja. El tercero son métodos alternos a la relación: intentar de una forma pacífica relacionar todo el entorno de las familias. Otro proceso es el ejemplo, dar experiencias de un hombre a otro.

Ricardo Ruiz
Director de Enlace y Seguimiento de la Fevimtra

---

[27] Envinov 2007.
[28] Envinov 2007.

¿Dónde estoy?

Daniel estaba en la habitación de Laura reinstalando su computadora. Sentado frente a la máquina comenzó a aburrirse, el tiempo se hacía largo y empezó a buscar un poco de música. Abrió una carpeta con canciones y luego otra. Entre toda la música había una carpeta con fotos. No dudó en abrirla.

Primero, las fotos de la familia de Laura, luego algunas otras con amigas. Finalmente, en una última carpeta, Daniel descubrió las fotos de Laura con su ex novio teniendo relaciones sexuales.

Daniel había conquistado a Laura a las tres semanas de conocerla, tapizó uno de los salones de la universidad con cartulinas negras que decoró con estrellas y pintura inflable fluorescente. Ella dijo que sí.

Los dos primeros meses de relación estuvieron bien, con peleas de vez en cuando pero nada del otro mundo.

Un día, Laura fue a buscar a su ex novio y ahí comenzaron las comparaciones. Ella le hacía saber cuánto se parecía a Miguel o cuán diferente era a él y empezaron a pelear.

—¡¿Por qué no te encabronas… por qué no gritas?!

—Porque no es necesario… soy un ser humano, puedo hablar, no necesito gritar.

¿Cómo resuelves una discusión con tu pareja?

❏ Con diálogo.

❏ Con indiferencia.

❏ Soy necio/a.

❏ Grito.

❏ Golpeo.

❏ Amenazo.

❏ Manipulo.

❏ Chantajeo.

❏ Someto.

—¡Es que él sí me gritaba!

—Felicidades… —le respondía Daniel despectivamente e incrédulo de lo que estaba escuchando.

Daniel cree que se puede estar con cualquier mujer que le parezca atractiva física y emocionalmente mientras sea madura en el sentido emocional. No le gusta que sean indecisas o que hagan "panchos o escenitas". Él prefiere hablar, hablar mucho si es necesario… pero hablar. Tampoco tolera que las chicas carguen sobre sus espaldas el pasado como un martirio, y a Laura el pasado la perseguía.

Aquel día Laura le había pedido a Daniel que le reinstalara su computadora. Sin ninguna intención de hurgar entre los archivos de Laura había encontrado las imágenes de Laura teniendo relaciones sexuales con alguien que no era él.

Impactado, cerró las fotos y se negó a ver más. Pensaba en Laura y se cuestionaba: "¿Cómo es posible guardar ese tipo de recuerdos, sobre todo cuando Miguel había tratado de golpearla mientras sostenían relaciones sexuales?" Daniel no comprendía.

Al día siguiente, atormentado por su conciencia y por sentirse como un chismoso, trató de contarle a Laura las cosas tal como habían sucedido. La primera reacción de Laura fue encabronarse y se lanzó a golpes contra él. Primero en los brazos y luego en la cara. Daniel la detuvo y entonces ella comenzó a patearlo.

—¿Puedes hablar o no puedes hablar? Así de fácil.

—No, no quiero hablar.

Calmados los ánimos, Daniel volvió a acercarse y ella volvió a gritarle para reclamarle sobre su traición a la confianza. Daniel trató de hacerle saber que su aburrimiento lo llevó hasta ahí, que no buscaba explicaciones, sólo expresar:

—La cagué —Laura se encabronó todavía más y comenzó a gritar de nuevo…

—Yo no he dejado de pensar en él, todavía lo amo y lo quiero, pienso en él todos los días.

Daniel se quedó inmóvil y alcanzó a preguntar,

—¿Neta?

—Sí, me caga que él sea feliz y yo no.

Ése fue el final de la conversación. Pasaron un fin de semana en completo silencio, y al lunes siguiente Daniel pidió hablar con ella.

—¿Ya pensaste en lo que pasó ese día? ¿Me puedes decir algo?

—Ya supéralo ¿no?

Comenzaron a discutir hasta que ella pidió una disculpa y él no la sintió sincera. Eso los separó todavía más.

Pasó un mes y las cosas no mejoraron. Daniel toleró groserías, malos tratos y desplantes. Luego le pidió tiempo y le sugirió que volviera con el terapeuta para que tratara de estar bien.

—Yo estoy bien —dijo Laura mientras corría a su habitación. Se lanzó directo sobre un cajón, sacó un cúter y comenzó a lastimarse las muñecas. Daniel trató de detenerla, ella le dio un putazo en el pecho, lo aventó y salió corriendo hacia la calle.

Iba directo a los coches y Daniel trataba de agarrarla. Por cada intento de retenerla sólo recibía más putazos. Primero en la cara, luego en el pecho, en los brazos o en donde ella pudiera pegarle.

—¡No te quiero, te odio, eres lo peor! —gritaba Laura mientras Daniel sólo pensaba: "Me puede poner unos putazos, pero no le voy a permitir que se vaya a dejar atropellar".

Pasaron minutos interminables hasta que llegaron a un parabús. El siguiente camión se detuvo cuando le hicieron la parada. Laura subió y

Daniel la siguió. En el camión sucedió lo mismo: gritos, reclamos y golpes hasta que ella se calmó. Guardó silencio y luego preguntó:

—¿Dónde estoy?

Daniel le contó todo y omitió la parte de los golpes. Continuaron su relación por un tiempo y luego él la cortó.

Daniel y Laura aún se saludan cuando se atraviesan por los pasillos de la escuela. Él no la juzga y procura comprenderla. Laura creció entre los golpes que le propinaban en la escuela niños y niñas por igual, razón por la cual se hizo muy peleonera. Para que ella mereciera esos golpes sólo había una razón: vivir detrás de unos lentes y su corta estatura.

VIOLENCIA FÍSICA[29]

En la clasificación por tipo de violencia física se destacan tres tipos:

Violencia física leve. Empujones, arañazos, jalones de cabello y mordidas.

Violencia física media. Bofetadas, golpes, agresiones con objetos pesados, patadas o que rompan sus objetos personales.

Violencia física severa. Incluye riesgo de quemaduras, intentos de estrangulamiento, amenazas con cuchillos, navajas u otras armas.

▶▶| Los hombres son los más afectados en términos de violencia física leve con 48% de los casos, sobre un 32.1% de las mujeres.

▶▶| En los casos de violencia física media, 61.4% de los casos afecta a mujeres.

MITOS SOBRE LA VIOLENCIA EN EL NOVIAZGO (II)[30]

Las mujeres están en mayor riesgo de ser atacadas por extraños.

Diversos estudios, tanto en América Latina como en otros países, han demostrado que las mujeres corren mucho mayor riesgo de ser atacadas por personas que ellas conocen. Sus novios son más peligrosos que los extraños.

Los celos son una muestra de amor.

Los celos son la razón más común de las agresiones en las relaciones de noviazgo. Cuando un hombre acusa constantemente a una mujer de coquetear o tener aventuras y sospecha de todas las personas con las que ve a su pareja; significa que este hombre es posesivo y controlador.

---

[29] Información proporcionada por el Imjuve.
[30] Información proporcionada por el Imjuve.

Los hombres no pueden controlar sus impulsos sexuales, y si una mujer excita a su novio, se merecerá lo que reciba.

Los hombres son capaces de controlarse a sí mismos, por lo que forzar a su pareja a tener relaciones sexuales es ilegal. Inclusive si una mujer se deja acariciar, ésta tiene el derecho de controlar su propio cuerpo, por lo que el hombre tiene la obligación de detenerse en el momento en que la mujer no desea continuar.

Los insultos no lastiman a nadie.

Los abusos emocionales a veces son considerados insultos que no lastiman. Sin embargo, los insultos lastiman y por eso la gente los utiliza. El abuso emocional disminuye la autoestima de las personas, a veces de manera permanente. Para muchas mujeres es el aspecto más dañino de las relaciones violentas.

¡Esto nunca me pasará a mí!

La violencia en el noviazgo te puede suceder a ti. No se limita a una clase social o a un solo grupo étnico. Algunas mujeres son victimizadas en su primera cita, mientras que otras hasta que ha pasado mucho tiempo de que iniciaron su relación. Todo mundo está en riesgo.

A nivel de sistema de salud no hay programas específicos para atender integralmente a los jóvenes.

Luciana Ramos
Investigadora del Instituto Nacional de Psiquiatría

Lo más importante es que a esta generación de jóvenes hay que educarla con las palabras y con el diálogo. Evitar la violencia con la comunicación y la información. Lamentablemente no hay servicios especializados para atender a víctimas de violencia en el noviazgo. Lo importante es que la gente visibilice el problema y cómo prevenirlo.

Priscila Vera Hernández
Directora del Instituto Mexicano de la Juventud

Diez minutos

El puño salvaje de Ricardo impactó su cabeza. No sintió dolor en los segundos inmediatos pero perdió la capacidad de oír. Un zumbido de mosca merodeó sus orejas. Cuando cayó al suelo fue demasiado tarde. Ricardo se trepó como anfibio sobre ella y siguió golpeándola sin descanso. Durante 10 minutos fue su costal de entrenamiento. Ricardo no era ajeno al deporte de los puños, boxeaba en el gimnasio del Deportivo Margarita Maza de Juárez, ubicado en Vallejo, al norte de la ciudad de México.

Esa noche Erika vio el rostro de Ricardo irreconocible, lleno de furia, sus ojos jamás parpadearon. La cara ovalada de Erika quedó maltratada. Su novio, de 16 años, no quiso escuchar los gritos que despertaron la curiosidad de los vecinos. Todos en el edificio se enteraron de la golpiza. Ricardo se cansó de sus movimientos monótonos y se incorporó para patearle las costillas, le sacó el aire, no podía respirar.

—Espérame, espérame…

—¡Cállate, pendeja!, ¿ya ves lo que te pasa por no obedecer rápido?

Ricardo perdió el control porque Erika no fue a comprar la leche deslactosada que él quería mientras veían una de las recientes películas de Woody Allen, *Amor y muerte*. ¿Qué tan fuerte puede ser el amor por una persona?, dice el eslogan de la comedia.

Si estás en una situación de violencia en tu relación... ¿pides ayuda?

❏ Sí.
❏ Me da pena pedir ayuda.
❏ Me da miedo pedir ayuda.
❏ No.

Se encontraban como casi todos los fines de semana en el departamento de Ricardo. A veces Erika se quedaba a dormir ahí cuando su suegra se ausentaba. Eran las nueve de la noche del 26 de abril de 2008.

Erika le dijo que en los comerciales iba a la tienda por su leche. La puerta estaba cerrada y no encontraba las llaves, las buscó un par de minutos y seguían escondidas. Ricardo se le quedó viendo fijamente.

—Ya ve a comprar la leche, chingá, te estoy esperando.

—Ya voy, pero no tengo las llaves para salir, la puerta está cerrada...

Erika pensó que le iba a prestar las suyas y siguió aumentando el tono de su voz:

—¿Entonces no vas a ir o qué?, ¡estúpida!—Llegó la furia.

Duraron 10 minutos los gritos y ruidos que traspasaron los muros del departamento. Erika se levantó del suelo como pudo ante la mirada roja de Ricardo. Él enseguida se metió la mano derecha al bolsillo del pantalón y con una tranquilidad envidiable abrió la puerta. Ella, al ver que la invitaba a salir, huyó entre rumores y chismes de los vecinos. La vergüenza de la escena le dio fuerzas para llegar a su casa, que se encontraba a pocas cuadras. El dolor que sintió le hizo ver las estrellas de una noche fría sobre la colonia El Arbolillo, donde se levanta el temible Reclusorio Norte.

En los días siguientes no supo qué hacer, estaba en shock. Ricardo nunca la había tratado así, no la había golpeado tan salvajemente. En su noviazgo había celos, discusiones, empujones cuando se enojaban, y ella creía que eran cosas normales de novios, pero la violencia subió de tono. Esa noche la trató como un perro escuálido. Fue la sexta golpiza y ya no soportó más.

—¿Cómo conociste a Ricardo?

—Desde la secundaria siempre me buscó. Lo conocí porque éramos vecinos de la colonia. Él me defendía de las bromas de los chicos de la cuadra o de la escuela. Era una experiencia nueva para mí. Luego fuimos novios formales cuando yo iba en la Preparatoria 9 y él en el Colegio de Bachilleres 1 de El Rosario. Hasta la fecha mi único amor.

Tres días después de la golpiza Erika acudió a la Agencia del Ministerio Público 21 de la Gustavo A. Madero para denunciar lo que vivió. Un señor de bigote negro, con la camisa arremangada, le dijo con una honestidad sorprendente:

—¿Quiere que se le dé seguimiento, señorita?

—Claro que sí —contestó indignada.

—Pase entonces con el médico legista para que tome nota.

El médico, con un tono sarcástico, le dijo al terminar la revisión que no se le veían los golpes, que se trataba de un invento.

—Pero me duele mucho la cabeza y las costillas. Al caminar siento dolor en mi cuerpo…

—No tienes nada, Erika, no se te ve ningún golpe. ¿Por qué no viniste el mismo día?

—Es que me duele mucho, doctor. No vine rápido porque tenía miedo, no sabía qué hacer.

El médico reportó que Erika no tenía ninguna agresión física. La investigación se quedó en el papel. Por supuesto que el doctor no iba a encontrar nada. Ricardo entrenaba box desde que iba al Bachilleres y sabía cómo pegar, en qué partes del cuerpo podía desplazar su puño sin dejar huellas. Ese día Erika ya no regresó con él. En ese momento dijo: "Ya no más golpes". Cada vez que le pegaba, sentía rabia. Las palizas no eran frecuentes, reconoce. En los casi 10 años de noviazgo fueron seis las ocasiones en las que Ricardo la había agredido físicamente. Erika trataba de defenderse al principio, de responderle los golpes, no quería que se fuera limpio. Pero no hay comparación entre los golpes de un hombre y los de una mujer. La rutina de Erika por muchos años fue soportar la humillación, salir del departamento de Ricardo y encerrarse en su cuarto por varias horas.

Erika se tragó sus momentos amargos. Su único escape era acudir por las mañanas a estudiar sociología en la FES Acatlán. Su ambiente de incertidumbre nunca lo supo su familia ni sus amigos. Sólo ella. Hasta el momento, por pena guarda silencio.

— Qué van a pensar de mí, una universitaria que deja que le peguen.

—¿Por qué te esperaste hasta la sexta golpiza?

—Estaba muy enamorada. Sólo he tenido un novio en mi vida. Ahora estoy viendo si funciona con alguien pero en esos momentos era antisocial, sólo vivía para él. Se fue acabando el amor poco a poco… Desde antes de que fuera mi novio tenía la imagen de violento en la colonia, se peleaba mucho, tiene un carácter explosivo, busca muchas broncas. Busca solucionar los problemas a golpes, no le importa con quién esté.

Un año antes, en enero de 2007, a pesar de que su novio la manipuló para que se suicidara, Erika tenía necesidad de sentirse protegida, aunque fuera con la persona más explosiva que había conocido. Habían pasado pocos días desde el asesinato de su primo favorito. Al enterarse de su muerte, el mundo se le vino encima. Estaba muy deprimida, lloraba casi todos los días. Guardó luto total en su casa. Una semana después fue a buscar a Ricardo, quería contarle lo mal que la trataban las horas. Pero lo encontró enojado, con más dudas de ella. Ricardo pensó que le era infiel. Los celos ya eran enfermos.

—Piensa las cosas, Erika, piensa bien lo que andas haciendo.

—Yo no estoy haciendo nada malo.

Con una simpleza envidiable le contestó:

—Pues si no quieres vivir por lo de tu primito ahí están las pastillas que le recetan a mi hermano del psiquiátrico… —las pastillas eran rivotril.

Ricardo la agarró en un salto mortal. Erika le dijo:

—Es verdad, la vida no tiene sentido para mí —se sentía tan mal que se tomó una pastilla, se tragó otra y nada. Fue hasta la tercera pastilla que Ricardo alcanzó a decir:

—No, ya cálmate, ya estuvo…

Pocos minutos después Ricardo salió del departamento. Erika aprovechó para tomarse el resto de las pastillas del paquete. En total se tomó seis. No tardó mucho en sentirse mareada, con mucho sueño, al grado de que aún ahora no recuerda nada, sólo que estaba en el asiento trasero del coche de su papá rumbo a la sala de urgencias de la clínica 24 del IMSS. Escuchaba algunas voces pero no veía nada. Pensaba que era el final. No sentía su cuerpo, escuchaba el ruido de cien tambores encargados de ahuyentar los demonios de su existencia. Erika recuerda como una ráfaga la pregunta simple del doctor que le realizó un lavado estomacal:

—¿Por qué te tomaste las pastillas?, estuviste a nada de dejarnos…

El de bata blanca nada más escuchó un "porque quise".

A la distancia esa respuesta le suena dura y terrible, pero en ese momento no tenía la intención de retirarla de sus labios secos.

—¿Cómo era despertar y ver a Ricardo por las tardes, los fines de semana, en su tiempo de novios?

—Yo me levantaba sin ganas de vivir. Otro día quizá de golpes, más de lo mismo. Otro día de amor loco.

—¿Cómo te sientes ahora sin Ricardo?

—Estoy contenta porque ya terminé mi carrera, ahora estoy realizando mis prácticas profesionales en el Imjuve. Me siento más tranquila gracias a la ayuda del psicólogo. Antes tenía necesidad de estar con él, pero ya pasaron las etapas: de necesitarlo a odiarlo… A mis 26 años sé que no quiero regresar. Aprendí que los celos siempre te llevan a la violencia, me di cuenta demasiado tarde.

▌ CONCEPTO DE PODER[31]

Hablar de violencia remite al concepto de *fuerza*, es decir, la violencia implica siempre el uso de la fuerza para producir un daño. En un sentido amplio, puede hablarse de violencia familiar, de violencia política, de violencia económica, de violencia social y, en todos los casos, el uso de la fuerza nos remite al concepto de *poder*.

En sus múltiples manifestaciones, la violencia siempre es una forma de ejercicio del poder mediante el empleo de la fuerza, ya sea física, psicológica, económica, etcétera, e implica la existencia de un "arriba" y un "abajo", reales o simbólicos, que adoptan habitualmente la forma de roles complementarios: padre-hijo/a, madre-hijo/a, hombre-mujer, maestro/a-alumno/a, patrón/na-empleado/a, joven-viejo/a, etcétera.

La conducta violenta, entendida como el uso de la fuerza para la resolución de conflictos interpersonales, se hace posible en un contexto de desequilibrio de poder, permanente o momentáneo. Además de que es un sinónimo de abuso de poder en tanto que es utilizado para ocasionar daño a otra persona.

Por lo anterior, en nuestra sociedad sólo reconocemos este tipo de poder, sin permitirnos saber que hay otros tipos y formas de ejercerlo, así como la capacidad que tiene cada persona para ello.

El enfoque de género en el tema de la violencia y el poder tiene relación con la vida misma, con las formas en que mujeres y hombres se relacionan entre sí y con su entorno, cómo lo modifican y cómo lo transforman.

Se parte del reconocimiento de que hombres y mujeres son socializados/as de manera diferente y, por lo tanto, se les enseña y moldea para asumir funciones específicas en la sociedad. Por ejemplo, culturalmente se ha creído que los hombres necesariamente tienen que ser agresivos y competitivos y, con respecto a

---

[31] Campaña "Amor es sin violencia" para la prevención de noviazgos violentos.

las mujeres, se asume la idea de que son seres inferiores, sumisos, pasivos y dependientes.

El poder no es una característica exclusiva del género masculino, también las mujeres lo ejercen y no precisamente a través de la violencia física, como suele ocurrir frecuentemente en el caso de los hombres; en este sentido, las mujeres, sin excluir la violencia física, manifiestan acciones de ejercicio del poder a través de la violencia psicoemocional, verbal, etcétera, dentro y fuera del ámbito familiar.

El ejercicio del poder puede expresarse a través de los diferentes tipos de violencia.

VIOLENCIA INSTITUCIONAL[32]

Son los actos u omisiones de las y los servidores públicos de cualquier orden de gobierno que discriminen o tengan como fin dilatar, obstaculizar o impedir el goce y ejercicio de los derechos humanos de las mujeres, así como su acceso al disfrute de políticas públicas destinadas a prevenir, atender, investigar, sancionar y erradicar los diferentes tipos de violencia.

▶▶| 18% de las mujeres mexicanas mayores de 15 años ha sufrido discriminación en alguna dependencia pública y 18% ha sido víctima de acoso laboral. En la escuela, los porcentajes correspondientes son 9 y 8% respectivamente, mientras que en el hogar los porcentajes son 7 y 10%, respectivamente.[33]

▶ Hay una serie de mitos en torno a la violencia. Hay cuestiones que naturalizan, legitiman y promueven la violencia. Vamos a pensar en una víctima de violencia que se decide a romper el silencio después de vivir agresiones y uno de los mitos sería pensar que la víctima que denuncia está rompiendo la estabilidad de la relación amorosa. Son las culpables de que todo se

---

[32] Ley General de Acceso de las Mujeres a una Vida Libre de Violencia.
[33] Endireh 2006.

termine. Romper el silencio no quiere decir perder lealtad con nadie, debe de haber una reciprocidad de respeto. Nadie tiene derecho ni a causar ni justificar la violencia.

Cuando yo estaba en el CAVI me llegaban mujeres golpeadas, con el ojo morado, es lo más común, con lesiones en la cara, con agresiones que se notaban. Fue pasando el tiempo y las esposas de los policías ya sea de seguridad pública o judicial nos llegaban menos golpeadas pero más lastimadas. Ellos implementaban otro tipo de mecanismos para generar lesiones: ahora los golpes eran en la cabeza porque no se notaban. Sabían dónde golpear, pegaban en ciertas partes del cuerpo para no dejar huella. Muchos ponían un cojín y golpeaban encima de él para no dejar rastro alguno.

Lucía Rodríguez
Abogada feminista

Bajo advertencia no hay engaño

César terminaba con Valeria después de una relación de siete años donde nunca faltaron los gritos, los golpes, los engaños, insultos y las traiciones. Ella quería casarse y él no. A veces parecían amigos, a veces pareja, a veces sólo se odiaban.

César le había prometido casarse con ella y un día volvió a la casa donde vivían juntos para tomar sus cosas y decirle que la dejaba por Raquel. Discutieron.

Finalmente, Valeria tomó la guitarra de César y se la reventó con toda la furia en el cuerpo. Nunca lo había odiado tanto.

Cuando pudo contenerse, Valeria tomó el teléfono y marcó un número que había encontrado en el celular de César.

—Raquel, ¿sabes que yo soy la novia de César? Me prometió que nos casaríamos, ¿te lo dijo? Tendríamos hijos también —dijo Valeria tratando de recuperar algo de César a través de Raquel.

Valeria le contó cómo la había engañado y todo lo que la hizo sufrir. También le hizo saber cuánto lo apoyó y que César nunca le dio su lugar.

Raquel sin titubear le respondió:

—Pues, ¿sabes qué? Si estuviste en esa relación es porque tú quisiste,

> **Tu pareja... ¿Revisa tus cosas personales?**
> **(celular, computadora, correo electrónico,**
> **habitación, bolsa, etcétera).**
> ❏ Sí.
> ❏ No.

nadie te dijo que te quedaras ahí, ni nada. Si él no te valora, pues ya habrá otros que te valoren.

El reclamo se convirtió en discusión, la discusión en diálogo, el diálogo en consolación y la consolación en advertencia.

—Sobre advertencia no hay engaño —le dijo Valeria—. Yo lo conozco, sé que es súper chantajista, súper manipulador, habla muy bonito y te va a convencer. Ahí tú sabrás.

Raquel había conocido a César porque fueron vecinos desde que eran niños. Más adelante estuvieron juntos en la preparatoria. En esa temporada César tenía relaciones muy largas con sus novias y Raquel andaba con el mejor amigo de César. Desde entonces se gustaban pero nunca pasó nada.

Concluyeron la preparatoria y él optó por estudiar medicina, ella comunicación, y separados los caminos se dejaron de ver.

En el 2007 sus caminos se toparon de nuevo y comenzaron a frecuentarse. César le contaba a Raquel sobre su relación actual. Llevaba siete años con una chica de Tabasco, y como pareja, tenían una gran relación de amigos. Ella quería casarse y él no. Eso empezó a mermar la relación y se convirtió en una montaña rusa: muchos altibajos, subir, bajar, pelearse, ponerse el cuerno, regresar, insultarse, incluso también se pegaron varias veces.

Raquel escuchaba con atención y pensaba que tal vez ella, Valeria, tenía toda la culpa de que la relación no funcionara y entonces justificaba a César.

Por eso mismo aceptó cuando César le comentó que terminaría con Valeria.

Raquel pensaba: "Cuando esté conmigo, va a ser diferente, mi amor lo va a cambiar", y aunque tenía sus dudas sobre César, lo aceptó porque también se sentía sola.

Para sorpresa de Raquel, el inicio de su relación fue maravillosa. Se convirtieron en los mejores amigos. Él era respetuoso, muy tierno, detallista, cariñoso y no existía nunca un "no" para Raquel. Todo era positivo.

—¿Estás seguro de que te quieres casar? —preguntaba Raquel insistentemente—. Porque a ti te gusta el desmadre, a ti te gusta estar con tus amigos, salir, desvelarte, llegar al día siguiente y todo lo demás. Ya casado no puedes, es otro rollo —advertía Raquel.

—Sí —y a todo sí agregaba César—: lo que tú quieras.

En el enamoramiento total y ciego se casaron a los seis meses.

Ella pensaba en que sería para siempre cuando recordaba el matrimonio de 30 años de sus padres pero no pensó en César. No miró su pasado, ni mucho menos su presente.

Pasó por alto que César y su madre habían vivido en el abandono total de su padre y esposo, respectivamente. También ignoró que antes de César y su madre, el padre de César había hecho lo mismo con otra mujer y otro hijo.

También pasó por alto que César creció en un entorno familiar donde en la mayoría de las circunstancias las mujeres mandaban económicamente y en otras muchas cosas, ellas a pesar de todo su poder tenían hombres a su lado pero para no estar solas. Y bajo esta regla familiar, la mamá de César mantenía a su pareja desde hacía 16 años.

Por otro lado, Raquel pensaba: "Qué padre que es una familia muy alegre y qué padre que haya fiesta siempre"; no le molestaban las dos o tres cubas que César bebía todos los días.

César había crecido en una familia que consumía alcohol para todo. "No pueden mostrar sus sentimientos o hablar si no hay una botella de alcohol en medio."

También pasó por alto que unos días antes de casarse venían regresando de una fiesta y pasarían su primera noche en el departamento en el que vivirían, cuando César recibió una llamada a las dos de la mañana de un amigo que borrachísimo lo invitaba a salir.

—Regreso a las cinco —le dijo a Raquel, mientras ella pensaba que debía tener confianza.

El reloj marcó las cinco, luego las seis, luego las siete y así hasta las 10. Trató de llamarle varias veces pero César previamente había apagado su celular.

A las 10 de la mañana entró por fin la llamada.

—¿Sabes qué? Te pasas. Te vas a la chingada. ¡A mí no me haces esto! Somos novios, es la primera noche que vamos a dormir juntos aquí en nuestro departamento y te largas. ¿Sabes qué? ¡A la chingada!

—No, mi vida. Lo siento.

Luego llegó hasta Raquel con lágrimas en los ojos y le pidió perdón. Le explicó que su amigo había tenido problemas.

Ella pensó que él cambiaría, que agarraría la onda. Y lo dejó pasar de nuevo.

Al final de todo, nada de eso importó. Se casaron en una ceremonia muy sencilla que pagaron los padres de Raquel y esperaron tener una historia feliz.

Raquel estaba emocionada por iniciar una nueva vida, pensaba que, como a sus padres, les tocaría empezar de cero juntos, trabajar y escalar en nivel de vida, para luego poder disfrutarlo. Lo construirían a cuatro manos, pensaba ella sin considerar que César era muy poco ambicioso y que no le interesaba el trabajo.

—La ambición tiene que ir de la mano del trabajo —argumenta Raquel—. ¿Cómo vas a conseguir las cosas si no luchas por ellas? —pero César esperaba que todo fuera fácil y les cayera del cielo.

Su apartamento tenía una mesa plegable, cuatro sillas de Coca Cola y un colchón viejo que les había prestado la mamá de César. Raquel, que no quería pedir nada más a sus padres, pero no hallaba cómo empezar, usó la tarjeta de crédito de su mamá para comprar un comedor y una sala bastante económicos. Así podrían empezar mientras pagaba a plazos la tarjeta de su madre.

César consiguió un buen trabajo con un buen sueldo y eso también le trajo amigos. La fiesta lo llamaba, y así se empezó a hacer costumbre que volviera a casa a las nueve o a las 10 de la mañana y previamente apagaba su celular para que Raquel no lo interrumpiera ni pudiera molestarlo.

Raquel siempre estaba sola en casa. Le dedicaba tiempo a las cuentas, a las compras, a la organización de la casa, pero no contaba con César para nada.

El consumo de alcohol comenzaba a incomodarla. La madre de César continuamente expresaba su preocupación porque manejaba borracho pero al mismo tiempo le facilitaba las llaves o lo mandaba a comprar una botella de Bacardí para ponerla sobre la mesa hasta que se quedara vacía.

—César, ya no bebas, ya vámonos, son las tres de la mañana. Ya vámonos —le decía Raquel para poder retirarse a descansar entre semana.

—Deja de molestarme. Tú porque eres una amargada. Tú porque ya no te diviertes. Tú porque no sales. Tú porque no bebes —le gritaba César para que lo dejara en paz.

Raquel no podía comprender el trato y entonces empezó a beber como él, para sentirse a nivel, para entender al menos las cosas desde otra perspectiva. La realidad fue que ella nunca pudo seguirle el paso, en cambio físicamente quedaba totalmente destruida.

—¡Tú me quieres controlar! —le gritaba César para que no se metiera con él.

En alguna ocasión fueron invitados a una boda. César le juró a Raquel que a las cuatro de la madrugada estarían de vuelta en casa.

Llegaron a la fiesta y comenzaron a beber. César se convirtió en el alma de la fiesta. Tenía los mejores chistes, las mejores frases. Luego se ponía cantar para deslumbrar a todos con su voz y siempre terminaba sonriendo en medio de los aplausos.

El alcohol continuaba su proceso y de excitación siempre declinaba en la melancolía, superada aquella etapa renacía en él el rencor y comenzaba con los reclamos. Más tarde venía la violencia a hacer lo suyo, entonces se suscitaban gritos, discusiones. Luego su ánimo caía en picada nuevamente para entristecerse, llorar y alcanzar el sueño.

A Raquel nunca nadie le dijo cómo tratar a un borracho y siempre temía que César pudiera enojarse, tratarla mal o empezara a gritarle, evitaba a toda costa llegar a ese punto y en etapa de plena negación hacía de cuenta que nada pasaba.

Ahora todo eso lo había olvidado mientras la boda continuaba. Confiada en que César cumpliría su palabra, Raquel le recordó:

—César, ya son las cuatro de la mañana, ya vámonos —él la ignoró.

—Ya vámonos. César, tienes que manejar, no manches, soy tu esposa y me tienes que cuidar, ¿cómo vas a manejar así?

César no dudó en levantar la voz frente a todos…

—¡¿Cómo ven que esta pinche vieja quiere que me vaya?! ¡¿Cómo ven?!

Raquel sintió la mirada de todos y guardó silencio, mientras sólo pudo escuchar:

—¡Es que tú siempre eres una amargada! ¡Déjame! ¡Yo decido mi vida! ¡Yo sé lo que hago!

—Pues es que no decides tu vida, ya es un matrimonio —le dijo Raquel tratando de lograr un poco de apoyo y comprensión—, las cosas son de dos. Ya no puedes hacer esto, tienes obligación con el trabajo… ¿qué, vas a llegar todo borracho? ¡Qué irresponsabilidad, tenemos deudas que pagar!

—¡Pues si quieres lárgate! —gritó César.

Raquel se levantó. Eran casi las seis de la mañana, salió y tomó un taxi en la carretera, sólo pensaba: "A este hombre no le intereso".

César volvió a casa después de las 10 de la mañana. Como siempre… con un pretexto, como siempre… con una justificación.

—Perdón. Es que me perdí en la carretera y no supe hasta dónde salí.

Otra noche, Raquel y César fueron invitados a un show nocturno. Cover, cena y la botella también correrían por cuenta de la mamá de Raquel.

La noche pintaba bien. Llegando a casa continuaron la fiesta con una botella de tequila. La madre de Raquel se quedaría con ellos esa noche.

Sentados a la mesa un comentario de la madre de Raquel detonó todo y empezaron los gritos.

César se encerró en la habitación mientras Raquel gritaba:

—¡Ábreme, te estoy hablando! ¡Veme a la cara!

César salió y la discusión continuó.

Cuando Raquel tuvo algo en la mano no dudó en aventárselo al rostro.

El escándalo aumentaba y los gritos se colaban a las habitaciones de los vecinos. Uno de ellos, preocupado por la seguridad de Raquel, llamó a la policía.

Cuando la policía estuvo en la puerta explicó:

—Nos informan que la señorita está en peligro. ¿Todo en orden?

Raquel salió con una playera larga nada más.

—¿Sabe qué? Es mi esposo y mi departamento y si nosotros nos queremos gritar, nos gritamos. Son peleas de casados y ustedes no tienen por qué meterse. Entonces yo le puedo gritar a mi esposo y él me puede gritar a mí.

La policía se retiró mientras César se iba sobre el vecino.

—¡¿Por qué te metes?! —gritaba César fuera de sí.

—Perdón. Yo lo hacía por Raquel, porque la escuché gritar.

La mamá de Raquel observaba todo en silencio.

Para ese entonces las salidas nocturnas de César eran más frecuentes. Raquel comenzaba a pensar que salía con alguna otra chica y además ya había visto por Facebook algunas fotos que subían los amigos de César donde él siempre aparecía abrazado de otra mujer.

No dudaba que César debía pensar que ella tenía que tolerarlo, perdonarlo y seguir su vida como si nada pasara.

Raquel se acercó a la madre de César a pedirle consejo. Ella le dijo que tenía que aguantar y tolerarlo porque ése era siempre el papel de las mujeres. Tolerar y aguantar. La recomendación era siempre hablarle de buena manera y ser linda con él.

Mientras tanto, la mamá de César lo acercaba más a ella en las partidas semanales de póker, donde lo alentaba a tomar y a no llegar a casa a descansar.

Raquel ya no se sentía parte de la vida de César. Si él salía, la dejaba en casa y ni siquiera la invitaba a ir con él. Si ella llamaba podía escuchar las risas de otras chicas que la pasaban bien, aunque él siempre le decía que eran salidas entre puros hombres.

Si Raquel lo llamaba al trabajo, le informaban que ya había salido. Cuando lo llamaba al celular él siempre le decía que seguía en el trabajo.

Raquel se refugiaba en su cama sin entender cómo era posible que en siete meses que llevaban de casados se sintiera tan abandonada. Sola en su cama recordaba que la intimidad siempre fue algo que los mantuvo unidos y en ese momento incluso César la rechazaba cuando ella intentaba acercarse.

Raquel le pidió que se fuera de la casa y César inició los trámites de divorcio.

Raquel esperaba que considerara la situación y que volviera pronto a casa. Pasaron tres o cuatro meses en los que continuaron viéndose sin vivir juntos. Pero siempre sucedía lo mismo. Raquel descubría sus mentiras y después de las peleas siempre venía una nueva oportunidad. Una, dos, tres oportunidades… tal vez cuatro, tal vez más.

Una noche salieron y Raquel podía ver cómo César coqueteaba con las chicas del lugar. Pensó ignorarlo y eso lo enfureció. Al volver a casa empezaron una enorme discusión.

César acusó a Raquel de engañarlo y ver a otras personas.

—¿Sabes qué? Por las buenas, yo no quiero hacer otro escándalo aquí en el edificio. ¡Vete! ¡Lárgate! —gritó Raquel.

—¿Ah, sí? ¡Pues me voy a ir!

Antes de salir, César desconectó el teléfono, tomó el celular y la computadora de Raquel y también se llevó sus llaves.

Raquel suplicó y César sin miramientos salió del lugar y la dejó encerrada.

Conectó el teléfono como pudo y le imploró por teléfono:

—Por favor, regrésame mis cosas. Regrésame las llaves, estoy encerrada. No tengo llaves, no tengo nada. No te pongas en ese plan.

César tardó 10 minutos en volver y se presentó ante la puerta.

—¿Quieres hablar? Ok. ¡Vamos a hablar!

La tomó del brazo y la sacó del edificio. La llevó a jalones a lo largo de cinco cuadras. Eran más de las cinco de la mañana y Raquel sólo llevaba puesta una sudadera, su ropa interior y sus pantuflas.

Por las calles le gritaba puta. Le achacó haberse acostado con infinidad de hombres. Le reclamó nunca haberlo querido y haberlo utilizado. Raquel miraba a todas partes y la oscuridad se la tragaba.

Trató de escapar en al menos tres ocasiones y César siempre la alcanzaba. Si caía la levantaba del piso a jalones y volvía a gritarle. Raquel recuerda haber visto pasar dos taxis y aunque ella gritaba pidiendo ayuda, nadie se acercó.

Raquel experimentó un miedo que nunca antes en su vida había sentido. Sólo alcanzaba a pensar: "Este güey me va a hacer algo. Me va a matar". Supo que si se defendía nada iba a lograr.

—Sí, tienes razón. Soy una puta —dijo Raquel asustada—, soy una puta —repitió—. Llévame a la casa, estoy casi en ropa interior, no traigo nada abajo, sólo una sudadera encima. Por favor.

Raquel había probado resistir ante la fuerza física de César y se rindió. Sabía que su vida estaba en manos de otra persona y eso la aterrorizó.

—Te amo. Vámonos a la casa. Vamos a discutir allá, vamos a hablar bien —volvía a suplicar.

César trataba de besarla y ella lo evitaba, eso lo enfurecía más, así que aceptó los besos con rabia y asco. Se dejó besar hasta que lo convenció de regresar al departamento.

Estando ahí comenzó de nuevo la discusión, la aventó al piso y ella perdió el conocimiento por unos segundos.

—Deja de hacerte la sufrida —César se burló.

Raquel sintió que todo volvía a empezar. César no se iría y podría hacerle cualquier cosa. Tendría que calmarse ella, calmarlo a él y esperar.

—Yo te amo, ya tranquilízate —expresó Raquel con resignación.

Entonces César la llevó hasta la cama. Ella no quería y entre el asco y la repulsión lo permitió.

—Te quiero y vamos a solucionarlo.

—Yo quiero regresar contigo, quiero que las cosas estén bien. Quiero regresar con todas mis cosas y empezar de cero. Vamos para atrás con el divorcio.

Raquel asentía. Tenía miedo de que ante la más mínima cosa César volviera a explotar. Esperó a que se durmiera y cuidó hasta su respiración. Se levantó sigilosamente y escondió todo: celular, computadora y llaves.

César durmió tres o cuatro horas antes de levantarse a trabajar.

—Voy por mis cosas, voy al trabajo, en la tarde hablamos. Discúlpame, yo te amo y no vuelve a pasar. El alcohol me pone mal. Tengo mucho coraje, pero tú también me obligas a hacerlo.

Raquel guardó nuevamente silencio y pensó que esa situación no podía continuar. Lloró y lloró, cuando tuvo un poco de fuerza se dijo: "Hasta aquí", llamó a sus padres y les explicó todo. Desde ese momento trató de cortar toda comunicación con César y apresurarse para solicitar el divorcio.

Llovieron los regalos, las flores, las pancartas y las serenatas. Ella dijo no y por algunos momentos lo dudaba cuando recordaba el carisma de César. Luego lo consideraba de nuevo hasta que escuchaba el eco de la voz de la madre de César en su cabeza: "Tú lo empujaste a los brazos de otra mujer".

Raquel se preguntaba si sería capaz de perdonar todo de nuevo aunque a veces dudaba de la negativa, por la educación; la esperanza de que el matrimonio fuera para siempre y porque la gente lucha por salvar su matrimonio. Pero no, Raquel no quería ser una cifra de muerte en las estadísticas de violencia contra las mujeres.

VIOLENCIA PATRIMONIAL[34]

Es cualquier acto u omisión que afecta la supervivencia de la víctima. Puede manifestarse en la transformación, sustracción, destrucción, retención o distracción de objetos, documentos personales, bienes y valores, derechos patrimoniales o recursos económicos destinados a satisfacer necesidades y puede abarcar los daños a los bienes comunes o propios de la víctima.

▶▶| Del total de mujeres casadas o unidas, 60% ha sufrido algún tipo de violencia patrimonial ejercida en su contra ya sea por algún familiar u otra persona.[35]

CÍRCULO DE VIOLENCIA[36]

Para comprender la dinámica de la violencia conyugal, es necesario considerar dos factores: su carácter cíclico y su intensidad creciente.

Con respecto al primero, se ha descrito un "ciclo de la violencia" constituido por tres fases:

Primera fase — "Acumulación de tensión": en la cual se produce una sucesión de pequeños episodios que llevan a roces entre la pareja, con un incremento constante de ansiedad y hostilidad.

Segunda fase — "Episodio agudo o agresión": en la cual toda la tensión acumulada da lugar a una explosión violenta, que puede variar desde un empujón hasta el homicidio.

Tercera fase — "Luna de miel": en la que se produce el arrepentimiento, a veces instantáneo, sobreviniendo las disculpas y la promesa de que nunca más volverá a ocurrir. Al tiempo vuelven los episodios de acumulación de tensión y a cumplirse el ciclo.

---

34 Ley General de Acceso de las Mujeres a una Vida Libre de Violencia.
35 Endireh 2006.
36 Campaña "Amor es sin violencia" para la prevención de noviazgos violentos.

Con respecto al segundo factor (su intensidad creciente), se puede describir una verdadera escalada de violencia:

La primera etapa es sutil, tomando la forma de agresión psicológica (ridiculiza, ignora, no presta atención, compara, corrige en público, etcétera). Estas conductas no aparecen en un primer momento como violentas, sin embargo, ejercen un efecto devastador, provocando un progresivo debilitamiento de sus defensas psicológicas.

En un segundo momento aparece la violencia verbal que viene a reforzar la agresión psicológica (insulta, ofende, pone sobrenombres, descalifica, grita, acusa de tener la culpa de todo, amenaza con agresión física, con homicidio o con suicidio).

Después aparece la violencia física (apretones, pellizcos, jalones de cabello, empujones, cachetadas, patadas, recurre a objetos para lastimar y en medio de toda esa agresión, le exige tener relaciones sexuales y en ocasiones la viola cuando está dormida).

▶▶| 40% de las mujeres se ha enfrentado con algún tipo de violencia en espacios comunitarios como las calles, mercados, transporte, cine, iglesia, tienda, hospital, etcétera. 42% ha padecido violencia sexual y 92% intimidación.[37]

▶▶| 44% por ciento de las mujeres casadas o unidas que participan en el mercado de trabajo enfrentan en mayor medida incidentes de violencia (con respecto a las mujeres que sólo se dedican a los quehaceres del hogar, 38%.[38]

▶▶| 11.6% del total de mujeres en situación de no violencia considera que es "obligación de la mujer tener relaciones sexuales con el esposo o pareja aunque ella no quiera", y el porcentaje sólo disminuye a 10.3% en las mujeres que viven en condiciones de violencia.[39]

---

[37] Endireh 2006.
[38] Endireh 2006.
[39] Endireh 2003.

▶ Cuando chavitos muy jóvenes se unen, se casan, se juntan, tendría que haber programas de salud para ellos, que sepan qué implica la maternidad y la paternidad, porque ahí se empieza a reproducir mucha violencia.

Estamos en una sociedad que otra vez está volviendo al conservadurismo, que la familia tiene que ser papá, mamá, hijitos. Hemos vivido en sociedades donde ha habido madres solteras por años y muchas han sacado muy bien a sus hijos adelante, pero el discurso es ahora todo el asunto de que las mujeres tenemos la culpa de lo que está pasando porque las mujeres empezamos a trabajar y las mujeres abandonamos, y los hombres… ¿ellos qué?

Luciana Ramos
Investigadora del Instituto Nacional de Psiquiatría

Nervio óptico

Sin darse cuenta, Jimena escuchó oleadas de silencio en la habitación. Habían transcurrido dos horas desde que comenzó a beber y el estéreo había dejado de sonar por alguna extraña razón. Las latas de cerveza estéticamente desordenadas cubrían casi toda la cama. Por un instante pensó lo agradable que sería estar sin Abel, lejos de su rostro blanco e inexpresivo. Pero aún no tenía el valor de hacerlo, se sentía perdida en un espeso bosque. Gritaba pero nadie la escuchaba.

A Jimena le dolía que su novio buscara otra vez a Esther, su amante. Se puso furiosa ese jueves 24 de agosto de 2006 cuando le marcó a Abel para saber dónde estaba y le contestó de forma simpática aquella mujer de ojos rasgados. Se sintió triste y exhausta sin más que el aire. No servía de nada caminar a solas, dejar todo por él.

Jimena no necesitaba más pruebas de amor y empezó a empacar sus cosas con una lentitud exasperante. Cuando estaba metiendo las maletas al Chevy blanco, Abel le gritó a media cuadra de distancia:

—¿Pero qué haces? —dijo corriendo tras Jimena.

—¡Déjame en paz!, ya no puedo seguir aguantando todo esto —respondió intranquila.

En tu relación de pareja, ¿has temido por tu vida?
❏ Sí.
❏ No.

—Sabes que te amo, pero tengo que arreglar unos asuntos con ella. Dame tiempo.

—No tenemos nada que arreglar, déjame ir.

—Perdóname… Te juro que ya no la voy a ver nunca. Todo lo estoy haciendo por ti, por los dos, ¿no te das cuenta?

Aquel hombre imponía por su altura, era como un ciprés que dominaba el paisaje. Abel era un seductor incurable a sus 26 años, no requería de muchas palabras para convencer a Jimena. Bastaba un gesto para tenerla a sus pies. Abel le pidió a su joven pareja de 16 años que lo aguardara en la casa porque iba a visitar a su madre, que vivía a escasas tres cuadras. Le dio un beso en la frente y le dijo:

—Todo va estar bien.

En la espera, Jimena siguió bebiendo cerveza y escuchó un poco de salsa, su música favorita. Los minutos pasaron lentamente y comenzó a desesperarse. Abrió otra lata y le dio dos sorbos. Presintió que Abel había regresado con Esther y comenzó a respirar rápidamente. Se sentía engañada, como una tonta y recogió su brillante pelo negro con un pasador de mariposa. De repente sonó su celular, era Abel.

—Ven a la bodega de Hortensia, pero ven sola, que nadie te siga.

Jimena abordó un taxi y en el trayecto se dio cuenta de que aún tenía puesto el uniforme verde y gris del colegio. Se bajó las calcetas blancas a la altura de los tobillos y miró la calle para distraerse. En seguida, al observar el viejo edificio triangular de Banobras, recordó que no se había presentado a su examen de Matemáticas II, "seguro lo reprobaría", pensó. Jimena acudía a la escuela secundaria diurna número 16, cerca del metro Tlatelolco, en la colonia San Simón, donde vivía. Poco después, el taxi llegó al barrio de Santa María la Ribera, a un inmenso terreno de bodegas que almacenaban material de construcción, equipo industrial y otros artefactos raros.

Jimena se encontraba un poco ebria pero "prendida". Tocó la puerta de metal varias veces hasta que se percató de que estaba entreabierta. Entró despacio, con cierto miedo. Un reflector alumbraba el lugar, disparaba una potente luz blanca que le lastimaba la vista. Al poco escuchó unos lloriqueos desesperados y se sorprendió de que fueran de Esther, que al reconocer a su rival sintió un temor tan fuerte que contuvo la respiración varios segundos.

En tanto, Jimena no entendía lo que sucedía, no podía razonar. Sintió un poco de frío en sus piernas y pensó que estaba formando parte de una broma de mal gusto. En la bodega flotaba una tensión palpable. Escuchó de la nada unas pisadas escalofriantes. "Ya valió madre, voy a salir de aquí con unos chingadazos", pensó convencida.

Abel abandonó presuroso una pequeña oficina, que se ubicaba en una de las esquinas del inmueble. Jimena, al observar que se dirigía a su amante, le preguntó:

—¡Qué pasó!, ¿qué hace ella aquí?

El joven de 1.85 metros de estatura no respondió. Jimena se asustó más y más. Sólo la mirada furiosa de Abel daba explicaciones, parecía que el demonio poseía a aquel cuerpo enjuto. Por inercia, Jimena se sentó en un escritorio viejo, que estaba arrumbado entre fierros, cajas de cartón y bolsas de plástico. Tomó por ahí un tubo rectangular, que su pequeño brazo derecho apenas pudo sostener.

Abel sujetó a Esther por la espalda, le hizo una especie de llave china, la estaba asfixiando sin piedad. La chica, que vestía ropa deportiva, trató de escapar varias ocasiones pero fue inútil. Jimena, incrédula, se acercó poco a poco a la escena escabrosa. Cada vez que daba un paso, se vio reflejada en ella. Se resistía a creer que el mismo hombre las maltrataba con saña.

Esther con los ojos saltones pedía ayuda, clemencia. Abel realmente estaba dañando ese cuerpo medio robusto. Jimena estaba descontrolada, sin embargo, alcanzó a escuchar que de la boca angustiante de Esther salía "por favor déjame, por mis hijos". Se le bajó el alcohol súbitamente.

A un metro de distancia, Jimena se quedó congelada viendo esa cara deprimente. Notó que un sudor frío recorría la frente amplia de Abel. También se percató de que su quijada estaba rígida por la fuerza que mantenía contra el cuello de Esther. No supo si lanzarse contra su novio o rescatarla. Tenía el tubo en su poder, quería defenderse de los dos y salir de aquella pesadilla. Sintió una sensación de muerte, la podía oler. No quería morir.

Jimena obedeció a un impulso escondido y golpeó la cabeza de aquella mujer. Se escuchó como si un hacha penetrara la corteza de un árbol. Las manos delicadas de Jimena sintieron que atravesaron algo. Al momento de hacer contacto en la parte superior de la frente, le invadieron unos nervios que hicieron temblar su esqueleto. El nervio óptico le transmitió un rostro tormentoso, desde la retina hasta el cerebro.

La respiración de Jimena se agitó terriblemente y el estómago se le desgarró poco a poco. Sentía un ardor insoportable que casi la dobla. Al mismo tiempo, llegaron a su mente recuerdos desagradables de su niñez, de su mala vida con Abel, de su familia. Vivía devastada por dentro y por fuera.

En un instante soltó el tubo y observó que por la frente de Esther escurría un hilito de sangre. La chica de 30 años se encontraba todavía consciente en los brazos de Abel, quien rápidamente la terminó de asfixiar. No tuvo compasión ni piedad. La dejó que cayera levemente sobre el suelo como un perro malcriado. El cuerpo de Esther se encontraba estático. Jimena no pudo llorar ni gritar. Se dio cuenta de que ya no respiraba, no daba señales de vida, no lo podía creer, era irreal lo que estaba sucediendo.

Mientras tanto, Abel, con una frialdad sorprendente, amarró con una cuerda las manos y los pies de Esther. Le dio instrucciones a su novia para que limpiara perfectamente la sangre con un trapo blanco que le aventó a un costado. Jimena sintió la sangre acumulada, la vio reflejada en la tela lisa, era de un rojo irritante. De reojo se dio cuenta de que Abel terminaba de sujetar con unos nudos caprichosos el cuerpo inmóvil.

Jimena estaba aterrada cuando se levantó y tiró el trapo a la basura. Quería transformarse en un fantasma y ser imperceptible para Abel. Estaba convencida de que también sería su final. De la nada le escurrieron un par de lágrimas que se detuvieron en sus mejillas. Su novio, sin más, le dijo:

—Ya vámonos.

Esa noche Jimena deseaba con el corazón herido que Esther resucitara. Al llegar a casa, siguió bebiendo cerveza hasta quedar completamente dormida.

Una luz distante despertó a Jimena. Se sentó en la cama, le dolía la cabeza, se acarició los ojos con su mano derecha y observó un recado de Abel: "No vayas a salir, al rato mando por ti". Maldijo esas palabras que le hicieron recordar la muerte espantosa de Esther. Sintió una extraña sensación de dolor que le cerró por completo la garganta, descubrió que aún tenía sucias las manos.

"A ver a qué horas me mata", se repetía Jimena una y otra vez mientras fumaba impulsivamente. Antes del mediodía, Ramón llegó por ella. Le dijo que subiera a su taxi sin dar explicaciones. Al llegar a las bodegas, Jimena le preguntó al primo de su novio qué estaba sucediendo, por qué la llevaba a ese odioso lugar. Al entrar a la escena del crimen sintió que se desmayaba. Un calor intenso invadía la planta de sus pies que poco a poco le subía hasta el cuello.

Jimena se dio cuenta de que el taxista se había marchado pero aun así estaba asustada. Atravesó la puerta y se quedó atónita al ver el cuerpo tendido de Esther envuelto en hules transparentes. Al dar unos cuantos pasos, le sorprendió que unas velas prendidas rodearan aquella figura femenina formando un cuadrado perfecto. De nuevo pensó que iba a morir en los párpados del día.

Fue a la pequeña oficina y le dijo a Abel:

—Ya estoy aquí.

Él la miró fríamente, sentado en un sillón negro, y le preguntó:

—¿No le quieres pedir perdón?

Jimena quiso vomitar, sintió un reflujo asqueroso en su garganta. No podía creer tal cinismo en una persona. Se quedó pasmada y sintió una vibra muy pesada en su cabeza. Lo último que quería ver en esos momentos era el cuerpo de la chica. Abel insistió, la tomó fuerte del brazo y la llevó frente a ella. Jimena estaba aterrada, no podía levantar la vista.

—Bueno, si no quieres no te voy a obligar, ya vámonos. Ayúdame a cargarla, la vamos a dejar en una carretera.

Colocaron a Esther en la cajuela de un viejo y desconocido Spirit color verde. Tomaron la ruta a Chilpancingo y su mente no dejaba de avisarle que tal vez sería su fin. Miraba el horizonte, no sabía dónde se encontraba, todo el camino se repetía: "A ver a qué horas me mata, a ver a qué horas me mata". Captó que el auto iba a una velocidad de 140 kilómetros por hora y Abel tenía un semblante serio pero inexplicablemente iba llorando en silencio.

Abel se salió de la carretera a la altura de un puente viejo, bajaron del auto y Jimena observó que estaban en la parte final de un barranco profundo. Tomaron el cuerpo de los extremos, Jimena lo sintió pesado, como una losa. Contaron hasta tres, arrojándolo al vacío. El ruido de la bolsa avisó que iba cayendo y cayendo hacia las oscuras sombras, más allá de las rocas. Habían aturdido la quietud del lugar. El escondite perfecto en la caída.

Rumbo a la ciudad de México Abel habló claro:

—Aquí no pasó nada, no te preocupes, no nos van a agarrar. Vamos a olvidarnos de esto. Mientras estés conmigo no te va a pasar nada.

A partir de ese momento todo cambió para Jimena. No sabía qué hacer ni a dónde ir. El fuego maligno lo guardó en el último rincón de su corazón.

A los pocos días comenzaron las investigaciones por la desaparición de Esther y señalaron a Abel como presunto responsable. Pasaron cuatro meses de las pesquisas y no había avances. En ese tiempo, Jimena tuvo que soportar muchas golpizas salvajes de su novio. Le pegaba por cualquier cosa que se le ocurría. Jimena guardó silencio. Explicaba a su mamá: "Es que chocamos; manejé mal; me caí de la moto". Su madre sabía que la vida de su hija era un calvario pero nunca se metió en su relación.

La tarde del 5 de diciembre todo llegó a su fin. Casi simultáneamente, agentes judiciales adscritos a la delegación Gustavo A. Madero detuvieron a los novios. El primo Ramón y la hermana mayor de Abel los delataron en una acción coordinada.

El taxista le exigió a Abel varias sumas de dinero por su silencio. El trato se rompió luego de la entrega de muchos miles de pesos. En tanto, Jimena fue a buscar a su novio a la casa de su suegra en Tlatelolco, ya era tarde y no llegaba a la nueva vivienda que tenían en Ecatepec. Se le hizo inusual tanta demora. La hermana mayor de Abel de inmediato tomó el teléfono y dio el "pitazo" a la policía.

Jimena no opuso resistencia al momento de su detención. Cuando llegaron los judiciales sintió un gran alivio, como si le hubieran quitado un ancla de los hombros. Respiró profundamente y la tumba finalmente se esfumó de su pensamiento. Hacía mucho tiempo que no veía las nubes moverse ligeras y al viento despeinar ligeramente sus cabellos negros.

A Abel le dieron una condena de 52 años de prisión por homicidio calificado, mientras a Jimena le aplicaron una sentencia de cuatro años nueve meses por el mismo delito. Por ser menor de edad fue recluida en la Comunidad para Mujeres del Sistema Penitenciario del Distrito Federal, que está ubicado en periférico sur. El resultado de la autopsia fue perturbador: Esther murió por asfixia y por una fractura craneoencefálica.

Jimena en contra de su voluntad tuvo que acompañar a los peritos a la carretera rumbo a Chilpancingo para buscar, recuperar y reconocer a Esther. Tanto polvo en el camino para volver.

La vida de Jimena no fue fácil ni antes ni después de conocer a Abel. Estuvo mucho tiempo con la vista clavada en las drogas y el alcohol. Desde los 13 años consumía cocaína, piedra, pastillas psicotrópicas y mariguana. Esta última la escogió como su escape favorito a otra realidad emocionante, más cómoda y menos insufrible que su ambiente familiar: una madre que trabajaba todo el día y un padre alcohólico que las había abandonado.

Encontró en la mariguana a su mejor aliada, le hacía soportable la tristeza y la soledad. Con 30 pesos en el bolsillo era fácil conseguirla. Una amiga que era adicta irreversible le presentó a sus contactos, le enseñó cómo negociar, dónde comprar, le pasó el manual para una buena consumidora. Toda la mañana se drogaba, la escuela era una pequeñez para ella. Llegaba a comer, se bañaba y nuevamente salía a la calle a fumarse unos "churros" hasta las 10 de la noche, hora en que su mamá llegaba de trabajar.

Tenía cambios bruscos en su estado de ánimo, sentía una profunda depresión y comenzó a bajar mucho de peso. Su vida cotidiana era drogarse y divertirse con sus amigas. "Fumaba mariguana y me sentía bien, relajada, se me borraba todo sentimiento. Cuando me sentía aburrida me cambiaba el paisaje a un azul intenso y me sentía alegre, fugaz."

Conoció a Abel y tomó a ese chico para "experimentar", para saber qué se sentía andar con alguien 10 años mayor. Sólo por eso. Él era un ex militar adscrito a la 35 Zona Militar en Chilpancingo, Guerrero. Jimena creía que la felicidad crecía a cada paso, dejando huellas húmedas y leves. Estaba agobiada a veces por el tedio, quería matar el tiempo.

Dos semanas después ya salían formalmente, comenzó a notar actitudes agresivas de Abel. En una ocasión, el estómago se le acalambró cuando su novio se bajó del auto a golpear a otro conductor que se le había metido repentinamente al carril. Jimena se quedó impresionada y sintió un choque nervioso en sus piernas. Desde el asiento del copiloto notó que la cara blanca de Abel cambiaba de color, a un rojo escarlata, estaba sumamente exaltado. Jimena, espantada, pensó que al regresar su novio al coche le lanzaría un golpe o por lo menos la insultaría. Fue un momento espantoso.

Abel absorbía el tiempo de Jimena, era como una gran esponja: desde las siete de la mañana hasta las dos de la madrugada se la pasaban juntos casi todos los días. Al principio era muy detallista, la deslumbró su cartera. Le compraba perfumes, chamarras, iban al cine, la invitaba a comer, y también le daba dinero para comprar mariguana. Se sentía satisfecha. Sin embargo, llegó el primer golpe.

Un día Abel le comentó:

—Oye, me gustaría que viviéramos juntos, ¿cómo ves?

—Pero ¿cómo? Tienes a la otra mujer con tres hijos. Estás loco, la verdad no quiero. Contestó firme Jimena.

De pronto, se puso rabioso y escupió palabras venenosas.

—A mí me vale, yo quiero vivir contigo. Por ti he descuidado a mi familia.

—Tranquilízate, yo nunca te lo pedí.

Abel se crispó aún más, la cara se le transformó otra vez a un rojo escarlata y con su mano derecha agarró bruscamente los cabellos de Jimena, quien pensó que se los arrancaría de un arrebato súbito, sintió que una navaja puntiaguda le picaba la cresta. Mientras la jaloneaba y la bajaba a la altura de la cintura, le decía con una voz desagradable:

—Yo no voy a estar con Esther porque te amo y quiero estar contigo.

Cuando terminó de escucharlo sintió una cachetada seca, un golpe hirviente que le volteó la mejilla derecha.

Jimena no lo podía creer, nunca había sido golpeada ni por sus padres ni por nadie. Se quedó enfadada y temerosa por lo sucedido.

—¡No me gusta que me pegues! Es la última vez que me tocas…

—Perdóname, ¿sí? No te pego porque me caigas mal, entiéndeme, te pego porque me hiciste enojar mucho…

En ese instante, Jimena se prometió que evitaría ponerlo fuera de sus casillas para librarse de más golpes y maltratos. Pero no todo lo que se desea se tiene y Jimena deambuló entre la vida y la muerte, no podía estar tranquila ni un momento.

Tenía miedo de que en cualquier arranque Abel le hiciera daño a ella o a su familia. Por lo menos cada semana Jimena recibía golpes y ofensas por tonterías o simplemente por nada. Así vivió casi un año que duró la relación. Además se alejó de sus amigas, "esas putas" —como les decía Abel—, "en tu celular nada más debes tener los números de nuestras madres y el mío".

Jimena se doblegó a los dictados de Abel. Entre discusiones y peleas, comenzó a tener extrañas sensaciones de nervios y pavor. Veía a Abel como un ser imponente e invulnerable con su revólver plateado, que escondía en uno de los cajones de la cama. Al sentirse protegida pensó que las cosas iban a tomar un curso menos antipático, que en plena tempestad era posible que se asomara por casualidad una luna luminosa.

Las relaciones sexuales con Abel eran brutales. Jimena sentía que era muy tosco para su cuerpo, no había palabras ni caricias. Por el contrario, le pedía que lo pellizcara, le pegara fuerte, cosas que eran nuevas para ella y que no entendía. Se sentía incómoda con él en la cama. A veces la obligaba a tener sexo y ella accedía por la angustia de que no la maltratara más. En ciertas ocasiones llegó a sentir pánico al momento del coito.

Semanas más tarde, Jimena tuvo un retraso menstrual, estaba aterrada. Desconfiaba del carácter imprevisible de Abel, "qué tal si me manda a la chingada", pensaba. La relación con su madre se perdió como una bocanada. Tenía un serio problema emocional. Por fin se atrevió a contarle, su novio saltó de alegría:

—¿Ya ves?, es una señal de que tenemos que vivir juntos.

Abel estaba muy emocionado y Jimena muy frustrada, no deseaba tener al bebé. Sin embargo, decidió irse a vivir con él, pensó que no tenía una mejor alternativa.

Abel le decía siempre que iba a dejar a Esther porque tenía muchos problemas con ella. Jimena tenía un vago recuerdo de la amante, le era indiferente. La conoció en un episodio cruel donde Abel la golpeó muy fuerte afuera de la casa, la corrió como si fuera una pelea entre hombres. Esther lo buscaba, le pedía dinero para ella y sus tres hijos, pero sólo recibía desprecio y odio.

Un mes y medio después, Jimena tuvo un sangrado muy fuerte, era como un río rojo encarnado que expulsaba voces de aflicción. Cuando Abel se enteró se le transformó el rostro, tenía un aspecto delirante. Sus ojos se dilataron y enseguida la agarró de los cabellos con las dos manos, la jaloneó un par de minutos y le lanzó una enloquecida patada en la cadera. Jimena no tardó en salir disparada hasta la cama, sintió un espasmo en la piel y la sangre.

—¡Cálmate! ¡Qué te pasa!

—¡Tú lo provocaste! ¡No te hagas pendeja! No lo querías tener...

Mientras la insultaba le propinó varios puñetazos que le hirieron el rostro. Sus golpes se emparentaban a un luchador de kick boxing, era simplemente un animal salvaje.

—Escúchame, por favor, yo no lo hice —dijo llorando Jimena.

Al día siguiente tuvo un momento de confusión: escapaba o le decía a su familia. Amaneció escupiendo y después vomitando sangre. No se podía mover de la cama, le dolían los huesos, pensó que la había fracturado. Al poco se vio en el espejo, parecía un boxeador, era espantoso verse la cara.

Abel regresó de trabajar y le dijo que lo perdonara, que no era él quien le dio la golpiza:

—Yo no lo quería hacer, pero no te preocupes, hay que intentarlo de nuevo y tener a nuestro bebé.

Jimena entró a un laberinto de violencia.

Fue sola al Laboratorio Médico del Chopo sucursal Santa María, ahí le informaron que tuvo un "aborto espontáneo". Jimena había dejado la mariguana por su embarazo y experimentó una desintoxicación en su cuerpo, tenía muchas sudoraciones y escalofríos intensos. Se sentía desgastada físicamente después de la tormenta. Su mamá la vio destrozada y le dijo:

—Aquí estás por pendeja y porque lo quieres aguantar —ella no la miró.

Tal vez no pase el tiempo en la Comunidad para Mujeres, Jimena lleva un uniforme escolar, pero ya no es el "aguacatoso" de la secundaria; porta unas medias blancas, una falda azul tableada, un suéter azul marino y una blusa blanca. Sus primeros días fueron de sufrimiento, pero le confortaban un poco las cartas que le enviaba Abel desde el reclusorio oriente. Fue un intercambio epistolar de seis meses.

Abel estaba seguro de que volverían a verse y que ni los barrotes de la cárcel los iban a separar. Realmente estaba muy confundida, dependía mucho de él y de su presencia, así se acostumbró. Llegó un día en que Jimena dijo:

—Si me marcó, pues que se me marque bien —y una amiga le hizo un tatuaje en su mano izquierda, con una aguja, hilo y tinta china. Abajo del pulgar dice "Abel".

Tres meses después, Jimena se dio cuenta de que encerrada estaba sola y que así sobreviviría a la soledad, sin él. Le envió a Abel su última carta: "Es mejor olvidarte y olvidarme de lo que pasó. Me hiciste mucho daño, casi arruinas mi vida. Buscaré la gruta en las ruinas, una salida a la pradera clara y despejada".

En este juego de cartas, él le contestó: "No me importa lo que escribas, dices todo esto por la situación difícil en la que te encuentras, al rato se te pasa, ya verás. Recuerda que seguirás conmigo por siempre".

Jimena lleva casi cuatro años reclusa y le falta poco menos de uno para cumplir su sentencia. El tiempo ha sido lento y cruel para ella. En la ruta se han quedado amigos y gente querida. El tedio y la rutina la agotan. Tiene que caminar todos los días en una dirección por un largo pasillo, es su calle dentro de la Comunidad. A veces se siente sofocada. No oculta su resentimiento contra Abel y sabe que será muy difícil confiar, relacionarse con otro hombre, empezar de cero.

Cuando obtenga su libertad quiere cambiar de vida, quiere estudiar lenguas extranjeras y quitarse el tatuaje de Abel. Es lo primero que hará, lo tiene en su mente y en su corazón. Involucrarse con Abel le resultó tan fácil a Jimena como despertar todas las mañanas y abrir los ojos. Para Abel también fue sencillo seducirla en su mundo de tráfico de armas, drogas y asesinatos. Esther lo denunció en su momento por estos presuntos delitos que cometió. Fue por eso que un día Jimena escuchó decir a un amenazante Abel: "Ya me tiene harto, yo sí la voy a matar". No le dio importancia.

Todo fue muy cómodo cuando Abel conoció a Jimena…

—¿Me dejas que te dé un beso?

—¿Qué?

—¿Y si te robo un beso?

—Sí, claro.

VIOLENCIA FEMINICIDA[40]

Es la forma extrema de violencia de género contra las mujeres, producto de la violación de sus derechos humanos, en los ámbitos público y privado, conformada por el conjunto de conductas misóginas que pueden conllevar impunidad social y del Estado y puede culminar en homicidio y otras formas de muerte violenta de mujeres.

La violencia contra la mujer puede provocar también la muerte (feminicidio).

Una elevada proporción de las muertes de mujeres son ocasionadas por conocidos, especialmente por sus parejas o ex parejas. Muchas de estas muertes se producen en torno al momento en que la mujer decide buscar ayuda o abandonar a su agresor.[41]

▶▶| Según los resultados de la Envinov 2007 en el tema de consumo de alcohol:

23% empezaron antes de los 15 años.

71.5% de los entrevistados comenzó entre 15 y 19 años.

4.7% después de los 20 años.[42]

▶▶| La mayoría de los hombres empiezan a tomar entre los 15 y 19 años (70.3%). Sin embargo, aunque la mayoría de las mujeres también empieza a tomar en estas edades, lo hace en mayor proporción que los hombres (72.8%), es decir, aunque en una pequeña proporción, las mujeres, según esta encuesta, empezaron a tomar a edades más tempranas.[43]

 Las mujeres están consumiendo mucho más alcohol que antes, las mujeres están empezando a consumir mucho

---

[40] Ley General de Acceso de las Mujeres a una Vida Libre de Violencia.

[41] Delitos contra la vida y la integridad cultural, Inmujeres.

[42] Envinov 2007.

[43] Envinov 2007.

más drogas, las mujeres empiezan a ejercer más violencia no sólo entre ellas. Es parte de lo que está pasando, no te digo que sea bueno o malo, es una realidad.

Luciana Ramos
Investigadora del Instituto Nacional de Psiquiatría

El problema de la violencia entre parejas es complejo y completo. Si nada más atiendes una cara de la moneda la problemática seguirá. Hace poco tiempo se está trabajando con hombres que reconocen su violencia, sin embargo no existen los grupos especializados suficientes para atender a los victimarios. En varios códigos penales del país se establece como sanción que el agresor o agresora tomen obligatoriamente una terapia psicológica, pero no existen los recursos materiales y humanos para atender a la población penitenciaria, porque tiene que ser especializada y gratuita. En el Distrito Federal, por ejemplo, están rebasados en los grupos.

Lucía Rodríguez
Abogada feminista

Espalda negra

Octavio estaba borracho como casi todas las tardes. Su rostro hinchado de alcohol sólo daba lástima. María Luisa lo prefería así en vez de escuchar otra vez sus insultos y soportar sus golpes.

Lejos estaba la escena del baile donde lo conoció, un viernes 6 de agosto de 2004. Era el cumpleaños de su hermano mayor. Octavio, salsero de corazón, la sacó a bailar y de ahí hicieron un "clic" poderoso. En ese breve espacio, María Luisa creyó que Octavio era su ángel caído del cielo, que le daría seguridad, paz y sentido a su vida llena de fracasos amorosos. Cuando vio a Octavio por primera vez sintió una energía muy especial. Más que un hombre, un anhelo. Pero estaba condenada a errar.

—¿Por qué se ven frustrados tus noviazgos, por qué se vuelven violentos?

—Curiosamente casi todas mis parejas han sido personas muy abandonadas, huérfanas, rechazadas en su familia. Pero así hice mis "clics" con gente de este perfil extraño. Cuando terminé con un novio, me enteré después que había estado en el reclusorio por homicidio, ¡imagínate!, pero la violación múltiple que sufrí en el Ajusco a los 17 años fue un factor decisivo para que mis relaciones fueran tormentosas.

> **¿Alguna vez has mentido para defen-**
> **derte o vengarte de tu pareja?**
> ❏ Sí.
> ❏ No.

Tenía mi autoestima por los suelos. Eres disfuncional con todos, no te das cuenta cuando te dan en la madre, uno tras otro…

En el momento de la entrevista, María Luisa no quiso abundar sobre ese momento cruel de su vida. Durante varios minutos estuvo llorando y se le cerró la garganta.

Los cuatro años de noviazgo con Octavio se esfumaron entre la niebla etílica de dolor y asco de sí misma. De la luna de miel al infierno. María Luisa salía mecánicamente de su casa ubicada en la colonia Ramos Millán al trabajo, daba talleres de danza en el Museo del Chopo y de ahí al departamento de Octavio en la Portales. Una cueva que se volvió adictiva. Octavio no trabajaba, su último empleo había sido el de maestro de ceremonias en un salón de fiestas ubicado en Nezahualcóyotl, Estado de México.

Apenas María Luisa se molestaba en comer. A partir de su primer aniversario, las locuras de Octavio afectaron su salud y su trabajo. Se fue alejando de sus amigos y de su familia. Un día Octavio quemó la puerta principal de su casa al enterarse que había salido al cine con un amigo.

Eran recurrentes las escenas de celos afuera de la casa de María Luisa. Una vez ella llegó de trabajar a las dos de la madrugada luego de un evento privado y Octavio la esperó ansioso, sentado en la banqueta, fumando un cigarrillo. Cuando la vio le empezó a gritar, a escupirle, a empujarla en plena calle…

—Qué son estas horas de llegar, por qué no me hablaste en todo el día…

María Luisa sabía que ese ruido descomunal podría provocar la presencia de gente nefasta, gente que se dedica al narcotráfico. A Octavio le valió madres.

María Luisa sobrellevaba sus días en la oscuridad de su mente. No servía para nada, era una inútil sexual, no era novia ni amante. María Luisa se desplomó al enterarse que su ángel salía con otra chica. Era sólo un pañuelo desechable en busca de cariño. Ya no se sentía protegida con Octavio. Le tenía mucho coraje por su crueldad de los últimos años pero estaba ahí una vez más contemplando las botellas de cerveza y cenizas de cigarro.

En una de sus tantas borracheras, Octavio la llevó a su cuarto a puros empujones. Estaba escuchando música a todo volumen con unos desconocidos. El acordeón inconfundible de Celso Piña hacía temblar las ventanas. Era común que Octavio saliera a la vinatería de la esquina y consiguiera amigos para seguir la fiesta.

—¿Qué son estas horas de llegar?, ¡a mí no me haces pendejo!, ¿eh?

—¿Quiénes son esos güeyes?, ya no metas a gente de la calle. Es la última vez que te visito —reviró María Luisa sin titubear pero con miedo.

Octavio quería pleito esa tarde de septiembre de 2008. Cuando estaba alcoholizado aparecían las agresiones. Estaba en constante provocación…

—Tú no eres ninguna directora de danza, en esa escuela nada más te haces pendeja, no tienes ninguna capacidad. No vales nada, eres una basura…

Especialmente esa vez, María Luisa vio la cara de Octavio llena de odio. Un odio que le hacía temblar sus dientes opacos. De la boca pastosa de Octavio sólo salía desprecio.

—A mí me vale madre tu vida. A mí no me importa acabar en la cárcel. Sígueme chingando y verás. Ya no tengo nada que perder.

María Luisa escuchó una sentencia de muerte. Sentía que en verdad quería destruirla. La aventó contra el clóset y comenzó a patearla en el vientre con sus botas de casquillo. En esos minutos eternos, María Luisa se sentía como un animal indefenso. Pensó que su estómago estaba a punto de estallar. Espontáneamente empezó a meditar, sus clases de budismo tal vez servirían de algo. Funcionó. Se conectó con Majakara, un protector espiritual. Pensó que se desangraba. Vio una luz blanca muy fuerte y se congeló totalmente. Sintió que le faltaba el aire. Sintió frío. Cuando se despertó, el cuarto estaba negro. El suelo estaba negro. Se levantó y a tientas llegó a la cama sin ver absolutamente nada.

María Luisa despertó de un sobresalto, con la respiración agitada. Esa mañana no fue a trabajar. Giró su cuello delgado y no estaba sola. Sobre el lecho descansaba el cuerpo descompuesto de Octavio, con la cara hacia la pared. María Luisa fijó su vista en aquella espalda fuerte y llena de pecas, de músculos y pecas.

María Luisa se levantó cautelosa. Se encaminó a la ventana que permanecía semiabierta. De pronto volteó y se reconoció frente al espejo oval que Octavio le compró en la Lagunilla unos días antes para poder satisfacer su vanidad. Se descubrió delgada, demacrada, endeble. Se miró bien y quiso creer que era una ilusión, que esa imagen no podía ser ella. Quizá algo andaba mal. Pero el espejo no mentía.

María Luisa limpió sus gotas de sal y se dirigió a la ventana. Una brisa la acarició secándole el rostro, que por vez primera recibía algo amable.

Una semana después, María Luisa se vengó de Octavio. Una mentira entre la maleza no era grave. Le dijo que gracias a sus patadas de lodo tuvo un aborto espontáneo. El hijo que tanto deseaba lo había matado en pocos minutos. Octavio sigue cargando con esa culpa.

—Lo hice porque ya no podía soportar un chingo de coraje… Para calmar sus gritos no pocas veces tuve que echarle sedantes a su alcohol. En cualquier momento había desmadres. En verdad estaba preocupada por él.

Al final de la entrevista en la plaza de la Conchita, María Luisa me entrega una carta pero es más que eso. Es una declaración de amor y odio hacia Octavio. Hace medio año que no lo ve. Ella sigue con sus clases de danza y batallando con su bigorexia. Trata de olvidar a sus guerreros del pasado, como dice.

En el último párrafo, María Luisa le dice a Octavio: "Hay que tomar ahora lo que nos toca. Me siento ahora más segura. Porque del lugar de donde vengo, el amor casi se convierte en muerte".

Violencia de género[44]

Es definida como todo acto violento que incluye una relación asimétrica de poder, donde se discrimina a una persona por su sexo, se ejercen amenazas, coerción o privaciones arbitrarias de la libertad (ya sea que ocurran en la vida pública o en la privada), que tengan como consecuencia un daño o sufrimiento físico, sexual o psicológico para la mujer o el hombre por el solo hecho de serlo.

Sectores socialmente maltratados: mujeres, niñas y niños, adultos y adultas mayores; personas con necesidades especiales, indígenas, homosexuales y lesbianas; jóvenes, trabajadoras sexuales, personas con alguna adicción.

De acuerdo con el tipo de abuso, las consecuencias pueden catalogarse en la dimensión física, social, patrimonial y psicológica. Esta división, vale la pena recalcar, es totalmente artificial, porque la mujer es un ser integral y el abuso en cualquiera de sus manifestaciones daña la totalidad de su experiencia como persona. De esta forma, por ejemplo, el abuso físico no sólo tiene consecuencias físicas, sino también psicológicas y sociales, entre muchas otras.

Entre las consecuencias físicas de la violencia encontramos, por ejemplo:

- laceraciones, cortadas, contusiones y moretones;
- quemaduras, lesiones en la cara, extremidades y tronco;
- pérdida de los sentidos, de algún órgano o de alguna de las funciones;
- desnutrición, traumas craneales y daño neurológico;
- traumas en la región vaginal;
- parto prematuro, daños o muerte del feto (cuando la mujer está embarazada);
- enfermedades físicas permanentes;
- muerte.[45]

---

[44] Campaña "Amor es sin violencia" para la prevención de noviazgos violentos.

[45] Organización Panamericana de la Salud, Programa Mujer, Salud y Desarrollo, María Cecilia Claramunt, San José, Costa Rica, mayo de 1999.

▶▶| El nivel de instrucción no restringe el sometimiento a la violencia de género, pues del total de mujeres que tienen escolaridad primaria, 37% ha padecido algún incidente de violencia. En las mujeres que tienen escolaridad secundaria la proporción asciende a 43%, y del total de mujeres que tienen estudios superiores a la secundaria 38% se ha enfrentado a situaciones de violencia.[46]

▶▶| La violencia entre las parejas casadas o unidas tiene 40% de incidencia. Sin embargo, sólo una de cada 10 víctimas acude a los juzgados a presentar una demanda, lo cual da como resultado un grado de impunidad de casi 99% de los casos.[47]

▶ Muchas mujeres que fueron violadas deciden no resistirse físicamente a los golpes porque saben que las pueden matar. Tú como mujer quieres estar viva, pero hay algunas que golpean y resisten y evitan ser violadas. ¿Ahí qué onda? Estás ante una situación de vida o muerte.

Luciana Ramos
Investigadora del Instituto Nacional de Psiquiatría

---

[46] Endireh 2006.

[47] María Elena Álvarez Vicencio, "La violencia en la familia", *La Crónica*, México, 31 de mayo de 2010.

De aquí no hay salida

Iván lleva tres puntos tatuados sobre la sien izquierda, los lleva ahí como la marca de un tiro suicida que le recuerda por dónde ha de pasar: la cárcel, el hospital y el panteón.

Tenía 11 años cuando dejó la escuela porque no le interesaba y siguió los pasos de su hermano Miguel. Un paso cuando dejó la escuela, un paso más cuando empezó a vivir de las calles, un último paso cuando se unió a la pandilla Barrio 18.

Iván miraba a Miguel, le gustaban sus pantalones tipo cholo y sus aretes. Lo esperaba a que saliera de casa para salir tras él por las calles de Tapachula. Si Miguel lo cachaba, lo mandaba de vuelta a casa y le decía que volviera al estudio. Iván se negó.

Un día descubrió la pandilla a la que pertenecía Miguel y quiso formar parte de ella. Cuando menos lo imaginó ya era miembro activo de Barrio 18, una pandilla juvenil trasnacional que inició en un barrio de Los Ángeles en la década de los ochenta cuando la situación de las guerrillas centroamericanas influyó en el movimiento migratorio a los Estados Unidos.

La historia de la pandilla Barrio 18 no puede ser contada sin hablar de la Mara Salvatrucha, ambas pandillas se ubicaban en los guetos de

> **¿Qué tanto podrías ocultar por mantenerte con tu pareja?**
> ❏ Nada, le contaría todo sobre mi vida.
> ❏ Le ocultaría sólo las cosas malas.
> ❏ Esperaría a que me amara para contarle todo sobre mi vida.
> ❏ Sería capaz de no hablarle nunca de mi pasado.

Los Ángeles. La Mara Salvatrucha se ubica en la Calle 13 y su nombre hace referencia a tres cosas: *Mara* como sinónimo de pandilla o haciendo referencia a las hormigas marabunta que atacan sin piedad a sus adversarios; *salva* de salvadoreños, y *trucha* relativo a espabilado.

Barrio 18 se ubicaba, como su nombre lo indica, en la 18 Street y recibe a miembros no sólo salvadoreños, también mexicanos, guatemaltecos u hondureños.

La Mara Salvatrucha y Barrio 18 son pandillas que desde la agrupación generan una identificación con la unión en su defensa de los nativos del lugar. Tras las deportaciones masivas de Estados Unidos, los integrantes de las pandillas se han vuelto a reunir y a organizarse en diferentes partes del mundo.

Cada integrante de las pandillas es considerado como un soldado y se identifican por tatuajes que incluyen los nombres y números de sus pandillas, los tres puntos dispuestos en triangulación que les significan "la vida loca" o símbolos de los muertos que han pasado por sus manos.

Las colonias de Tapachula hospedan en sus calles células o clicas[48] de dichas pandillas. Miguel e Iván pertenecían a una de ellas.

Iván se brincó[49] para meterse a Barrio 18, su primera prueba fue someterse a una patiza de 18 segundos sin defenderse, que le propinaron seis integrantes de la pandilla.

Antes de brincar a Iván le advirtieron: "Aquí hay entrada, pero no salida". La única forma de escapar de esa vida sería "siendo cristiano de corazón" o "muerto de una vez".

---

[48] Grupo.
[49] Inició.

Luego comenzó a demostrar su valor para ganarse la confianza de su clica; como era pequeño y no llevaba ningún tatuaje en su cuerpo lo mandaban a las colonias vecinas a identificar a miembros de la Mara Salvatrucha.

Recorría las calles, los seguía con la mirada inofensiva de un niño, ubicaba cuántos eran, sus rostros, sus tatuajes, sus puntos de reunión y sus domicilios. Más tarde, integrantes del Barrio 18 de su clica, pasaban en coches o camionetas por las casas de los miembros de la Mara que habían sido ubicados y disparaban a matar.

Iván sentía la presión de sus actos. Temía por su vida, pensaba que un día podía ser él y su casa los baleados. Pero los festejos de su pandilla le adormecían el miedo y lo animaban a seguir.

Con 20 cabezas de Maras, Iván se ganó el 18 que lleva tatuado en la panza. "Porque me lo gané lo hicieron grandote", recuerda, mientras se mira un 18 que abarca todo su torso.

Iván peleaba por pelear. Llevaba consigo chimba[50] y cuchillo, no por miedo, no para defenderse, los llevaba para hacerse el valiente.

—¿Qué rifas? —le preguntó Iván a dos pandilleros que atravesaban su barrio.

Los pandilleros sostuvieron la mirada y no dijeron nada.

—¡¿Qué rifas?! ¿De qué pandilla eres? —preguntó Juan, miembro también de Barrio 18, sin quitar la mirada de los tatuajes que se asomaban por sus ropas y que los identificaban como integrantes de la Mara Salvatrucha.

—No soy nada —contestó el Mara—, no somos nada.

Juan se lanzó a quitarle la playera a uno de los Maras y se echaron a correr. Juan e Iván no tardaron mucho en alcanzarlos.

Una, dos, tres, cuatro… cinco cuchilladas e Iván escuchó un grito que los traspasó por el alma y lo dejó inmóvil, mirando en cá-

---

[50] Arma hechiza.

mara lenta cómo el Mara lo llamaba a gritos y caía arrodillado todo agujerado.

Iván no pudo correr. No pudo escapar. Era como si el Mara que acababa de acuchillar lo llamara. Se quedó inmóvil, y cuando salió del trance la policía estaba detrás de él.

Paso 10 meses detenido en un tutelar. Preso cumplió los 14 años.

Iván conoce muchas historias de su barrio, entre ellas la de *la Charca*.

La Charca es una chica integrante de Barrio 18. Sin distinción de géneros, en la pandilla las mujeres le entran igual a los golpes o a matar.

Participaba en una pegada[51] en pareja, y cuando no tuvo escapatoria "se corrió" llevando la pistola consigo y dejando a su compañera sin arma para atacar o defenderse. Tras la baja, la acusaron de traidora y el ranflero[52] le encomendó una nueva misión para vengar aquella muerte: tendría que "poner" a uno de los Maras.

La Charca se sabía una chica linda. Alta y frondosa. Su piel apiñonada y su cabello hasta los hombros llamarían la atención… aunque su principal arma serían sus labios carnosos y entraría en un juego de seducción.

—Tienes 15 días —le dijo el ranflero y ella aceptó.

Eligió a un integrante de la Mara Salvatrucha que le gustó. Se acercó a él, y sin ningún tatuaje sobre la piel, *la Charca* se "verbeaba" al Mara y le decía que estaba enamorada, y él se fió de las palabras que salían de aquellos labios sensuales.

—Ya lo tengo, ya cayó —avisó *la Charca* al ranflero.

—Ya llévalo —le ordenó el líder.

Juntos acordaron el día y la hora. *La Charca* llevaría a su enamorado a un terreno baldío de esos que abundan en Tapachula.

---

[51] Misión.
[52] Líder.

El domingo al anochecer todos cumplieron su cita a la hora indicada. Ella lo miraba y sonreía.

—¡Ábrete *Charca*! —gritó *el Culebritas* para disparar con la chimba.

Ella cerró los ojos y contuvo el aliento. La detonación retumbó en su interior y arrojó al Mara para evitar el impacto de los balines que salían disparados en todas direcciones con la explosión.

Ambos quedaron sangrando sobre la tierra. Dicen que *la Charca* estaba enamorada.

Iván salió del tutelar y volvió al barrio donde empezó a drogarse. Empanizado, primo, mota o piedra todos los días de cinco de la tarde a las dos de la mañana.

La pandilla Barrio 18, entre sus reglas, prohíbe el consumo de drogas y les concede únicamente el uso de marihuana. Cuando alguien de la pandilla es acusado de consumir algún estupefaciente se le da un descuento:[53] una golpiza de ocho o 18 segundos sin poder defenderse.

El acusado se pone en el centro de un círculo que hacen cinco o seis personas, mientras el ranflero da la orden para empezar a patear, luego cuenta el tiempo.

Iván sólo recibió el ritual de las patadas para brincarse y cuando falló en una pegada. Cuatro integrantes de Barrio 18 fueron encomendados a ir a una de las colonias comandadas por los Maras, ese día portaban armas hechizas y cuchillos.

Algunas patrullas se atravesaron en su camino y comenzaron a correr. Dos de ellos se quedaron atrás y fueron interceptados por la policía. Iván y Pablo no miraron hacia atrás y corrieron con todas sus fuerzas hasta que entraron al territorio de los Maras, los vieron de frente.

---

[53] Castigo.

—Ya mejor nos regresamos —le dijo a Pablo—, la llevamos de perder, no traemos casi nada.

—No, mejor nos chingamos a uno —contestó Pablo aferrado.

—Nel. Nos regresamos —murmuró Iván con miedo y trató de jalar a Pablo.

Aquel jalón llamó la atención de los Maras y se levantaron.

—¡Vámonos, ya se pararon!

Pablo se quedó firme y se aferró a quedarse.

—¡Vámonos! —intentó de nuevo Iván mientras lo jalaba.

Los Maras sacaron la pistola y emitieron su grito de guerra: "¡La Mara!"

Iván comenzó a correr y no sintió los pasos de Pablo. Los Maras comenzaron a disparar. Le dieron en el pie a Pablo. Iván volvió y trató de levantarlo cuando el segundo impacto hirió a Pablo en la espalda.

"Yo ya no hallaba… quedarme o correr", ése era el único pensamiento que golpeaba la cabeza de Iván. Lo vio herido, lo soltó y corrió hasta llegar a su barrio.

—¡Traidor! —le dijeron a Iván cuando trató de explicar lo que había pasado.

—¡Seguro lo vendiste porque eres Mara! —le gritaron de nuevo.

—¿Cómo voy a ser Mara si tengo el 18 en grande en la panza? —se defendía Iván—. Primero me matan.

Después de la muerte de Pablo, Iván tendría una misión: desquitar la muerte de su compañero de barrio con la vida de uno de los Maras.

Iván no tenía escapatoria. Pensó en huir y también pensó en morir. Recordaba que uno de sus compañeros intentó terminar con su historia con Barrio 18, y al intentar quitarse el 18 que llevaba tatuado en el cuerpo se lo quemó dejándose una herida enorme y terrible. La negación de la pandilla es considerada como una de las peores traiciones.

Aquel joven fue encontrado muerto en su propia casa a manos de su propia clica e Iván temía correr con la misma suerte.

Buscó a una de sus hermanas que se había mudado al Distrito Federal y le pidió asilo. El esposo de su hermana manejaba un tráiler y lo trajo hasta la capital y empezó su vida trabajando "por la derecha" en una empacadora de carne.

Llegó a los 17 años al Distrito Federal y se estableció en Apatlaco. Prefirió hacer su vida en solitario y no hacerse de amigos hasta que en la empacadora conoció a Raquel.

Iván es de pocas palabras. Le empezó a hablar bien y la esperaba en la entrada del comedor para sentarse a comer junto a ella. A la salida la esperaba y la acompañaba hasta su casa.

Nunca le salió lo romántico, sólo fue al grano y "le cantó el tiro" a Raquel, y así se hicieron novios.

En su relación nunca hubo gritos, ni peleas, sólo acostumbraba celarla cuando la miraba hablar con otros chicos y veía que había algún "arrime con otro". Los celos iban y venían de un lado para otro, con silencios incómodos y con reclamos. Iván ha guardado el carácter y la frialdad de su pasado como una caja de Pandora que ha de ser abierta en el momento exacto.

Nunca le contó su vida y siente un alivio inmenso de poderse presentar como una persona sin pasado. Ella miraba sus tatuajes y le decía que "así lo quería", aunque él sostiene que se quiere quitar los 14 tatuajes que lleva sobre el cuerpo.

Llevaba cuatro meses de relación con Raquel cuando fue acusado de robo. Actualmente Iván lleva nueve meses en el tutelar para menores y está en espera de su sentencia.

VIOLENCIA ESTRUCTURAL[54]

Es aquella que proviene de las acciones u omisiones de las instituciones y afectan gravemente a la sociedad. Es muy directa, por ejemplo el hambre, el desempleo, la falta de servicios médicos, la guerra, los conflictos locales, etcétera. Todas ellas son reflejo de la ineficacia y la corrupción institucional.

▶▶| 70% de loas ocasiones los hombres inician violencia en su relación, mientras que las mujeres 27%.[55]

▶▶| 80% de los jóvenes que han sido agredidos por su pareja no percibieron estos incidentes como violencia.[56]

▶ A mí me parece que existe una serie de factores que son detonantes de la violencia. Es decir, si te quedaste sin empleo, no tienes acceso a la educación, etcétera. Éstos pueden ser detonantes de violencia pero definitivamente no es el origen. Las personas no son violentas porque no tienen trabajo o violan porque no tienen acceso al servicio de salud. Hay que tener en claro que la violencia es un acto abusivo del poder, ejerzo la violencia contra otras personas porque puedo hacerlo y tengo los elementos para dominar.

Lucía Rodríguez
Abogada feminista

---

[54] Aproximación al contexto social de los jóvenes, 2007, CDHDF.
[55] Información proporcionada por el Imjuve.
[56] Información proporcionada por el Imjuve.

Aprendiendo a sufrir

Quieta y sin deseos, Elsa miró de lejos su vieja casa, allá en la loma. Más que su casa era su prisión, donde el paso del tiempo confundía necesidad con rutina. No había más motivación en su triste vida que sus hijos. El corazón de Elsa era parcial y dictaba una sentencia contra sí. Donde la dejaba el camión, tenía que subir cinco cuadras y encontrarse siempre con los ladridos de los perros hambreados que vigilaban el cruce del camino.

Al abrir la puerta de madera, le sorprendió que su hija Laura estuviera muy sola en la sala, con la simple compañía de la luz del alumbrado público que se asomaba por la ventana. Elsa cerró con llave, se deshizo de su bolso negro y antes de prender el foco sintió las manos suaves de Laura en su espalda, fue un abrazo irreal. Elsa no sabía cómo era sentir afecto de alguno de sus cuatro hijos, fue una extraña y hermosa sensación.

Ambas escucharon de repente las pisadas de Pedro, que bajaban la escalera de caracol. El sonido de las pisadas provocaba en Elsa y Laura una acelerada respiración. Sabían que lo que estaban haciendo era un pecado mortal. En casa estaba prohibido platicar y mirarse, apenas conocían el sonido de sus voces.

¿Cuánto tiempo estarías dispuesto/a soportar una relación violenta?

❑ Ni una palabra, ni un minuto, ni un golpe.

❑ Unas semanas.

❑ Algunos meses.

❑ Años.

❑ Por amor... toda la vida.

—¿Qué hacen ahí, pinches viejas? ¿Otra vez secreteándose? —les gritó Pedro con un odio habitual.

Automáticamente se separaron y buscaron un lugar alejado del carpintero. Elsa bajó la mirada y se dirigió a la cocina, pero Pedro la detuvo de los cabellos rizados. Sólo escuchaba que Laura subía rápidamente las escaleras para encerrase en el cuarto junto con sus tres hermanos. Sabía que su papá no tardaría en enloquecer, en transformarse en un hombre maligno.

—¡A dónde crees que vas, pendeja! ¿Qué estaban haciendo? ¿Otra vez las putas hablando? Esa Laurita me las va a pagar por pinche alcahueta...

—No digas eso, no estábamos haciendo nada malo, sólo me esperó —apenas pudo contestar Elsa, que tenía un nudo en la garganta. Miraba con miedo la punta de la lengua de Pedro que tocaba su labio superior, era su gesto de poder.

—¿Sabes?, me das asco por pinche piruja. ¿Cuántos hombres te cogieron hoy? ¿Eh? Te estoy hablando, pinche negra, ¿estás sorda o te haces pendeja?

Mientras la jaloneaba, sus hijos escuchaban con espanto los insultos despiadados contra su madre. No conocían el sueño, su padre desquiciaba la aparente calma de la noche.

La boca de Pedro era un taladro en los oídos de Elsa. La llevó al garaje, donde improvisó su pequeña carpintería. La trasladó a empujones y le lanzó uno que otro golpe seco en la cabeza mientras le reclamaba las mismas cosas de siempre...

—Ya no andes drogando a Laura, ¿quieres que siga tus pasos de pinche drogadicta y alcohólica?

—Estás loco, sabes que no es cierto, ¿por qué me dices todo esto? —dijo Elsa asustada y con un poco de coraje contenido.

Pedro se enfureció más al escuchar aquellas palabras y la colocó en medio de la maquinaria, entre la mesa de sierra y maderos sin forma. La obligó a que se quitara la ropa mientras buscaba alguna cosa en su caja de herramientas. El temor infectó la mente de Elsa. Recordó aquellos días cuando estaba en casa y el sonido de la sierra le hacía temblar la dentadura.

Poco a poco, se desabotonó la blusa blanca de manga larga, era de una tela suave. La usaba como parte de su uniforme de cocinera en una de esas casonas valuadas en miles de dólares. Al llegar al cuarto botón notó que sus dedos estaban torpes y sin parpadear miró a Pedro, que seguía hurgando con furia en las herramientas… Tiró la blusa en una hoja de triplay y siguió con la falda café, se quitó los zapatos de tacón bajo, y se quedó en ropa interior. El pelo negro apenas le tocaba sus hombros cansados.

Escuchó que su marido llenaba una cubeta con agua y tragó un poco de saliva. No sabía qué hacer, se quedó congelada. Únicamente sus ojos funcionaban, miraban expectantes. Pedro se acercó a un metro de distancia y le dijo que se quitara todo. Elsa obedeció por inercia. Se miró sus pechos levemente caídos y cerró los ojos. En ese momento, Pedro le arrojó el cubetazo de agua que en instantes bañó todo su cuerpo. Pensó que estaba atrapada dentro de una gran ola del mar. Elsa cerró aún más los ojos, tan fuerte como pudo. Sintió un largo escalofrío helado, como si pequeños cubos de hielo saltaran en su piel morena. Quiso saber qué pasaba pero la luz amarilla del reflector lastimaba sus ojos. Cruzó los brazos dándose un poco de calor mientras el agua escurría. Sus rodillas temblaban y su estómago se contrajo. Pedro conectó un par de cables a la luz directa y empezó a electrocutar a su esposa. Elsa sintió una desesperación angustiante, pensó que un centenar de clavos entraban y salían de su cuerpo. Sólo escuchaba pequeños quejidos contenidos de su boca. Pensó que su cuerpo quedaría carbonizado por dentro, sin alma. Cada vez que Pedro retiraba los cables de cobre, le decía con una voz terrible…

—¿Andas con ese cabrón de tu trabajo, verdad? Pinche putita —y le acercaba otra vez los cables a su cadera, sin temor alguno.

Pedro disfrutaba que negara todo para seguir torturando al maniquí en el que se había convertido su mujer. Elsa sentía un dolor en la sangre, quería gritar pero no pudo, se le fue el habla.

—¿Por qué andas drogando a nuestra hija?, pinche zorra, la andas acostando con los perros de tu trabajo, ¿verdad? —y le volvía a pasar los cables, ahora en la espalda. Repitió su juego infernal hasta que Elsa no tuvo salida, aceptó todo. Sintió que estaba enterrada viva, no podía respirar.

Pedro, satisfecho, aventó los cables y apagó la luz. Prendió un cigarrillo y la dejó desvanecida en el suelo húmedo, temblando y llorando. Elsa encogió su cuerpo para no sentirse sola. No vio nada pero imaginó la cara temible y de gozo del carpintero. El frío y el dolor la agotaron. Lo único consolador a esa hora era el silencio.

Elsa y Pedro se conocieron en 1985, cuando cursaban el primer grado en la Escuela Secundaria para Trabajadores No. 10, ubicada en la avenida Plutarco Elías Calles, cerca del metro Ermita. Pedro era un muchacho muy serio, tan serio que a todo mundo le parecía un chico raro, muy callado, que hablaba con la vista. Prefería estudiar con los testigos de Jehová que jugar futbol con sus amigos.

Nunca olvidaría lo que le dijo su madre cuando tenía apenas cinco años: "Nunca conocerás a tu papá porque no tienes". En Piaxtla, Puebla, ella tuvo varios hijos con distintos hombres. Pedrito, como le decían, siempre fue relegado. Sus medios hermanos se burlaban de él, cargó con ese trauma toda su vida.

Los científicos que se encargan de estudiar el desarrollo de los niños dicen que las vivencias infantiles tienen una influencia fundamental en el comportamiento futuro. Afirman que cuando no se toca y no se rodea de afecto a los niños, los sistemas cerebrales del placer no se desarrollan. Las consecuencias son la formación de individuos basados en el egocentrismo, la violencia y el autoritarismo. La violencia en todas sus manifestaciones tiene un síndrome adictivo, que hace que las personas sientan la necesidad de plasmar sus acciones en medallas.

Elsa también tenía una familia disfuncional. Su madre era viuda con cinco hijos y trabajaba de costurera 12 horas al día. Su padre murió de una golpiza que le propinaron unos rateros cuando ella tenía tan sólo cinco años. Elsa, junto con Rocío, su hermana mayor, tuvieron que cuidar a sus demás hermanitos. Nunca supo por qué su mamá era indiferente con ella. La soledad es el único recuerdo que tiene de cuando era niña. El día en que conoció a Pedro de inmediato se sintió querida, sintió olores de flores en su pecho.

Duraron siete años de novios y a los 19 se juntaron en unión libre. Ninguno terminó la secundaria. Se fueron a vivir un tiempo a la casa de su tía Rosa, en la colonia Santa María la Ribera, tras la negativa de la mamá de Elsa a la propuesta de matrimonio. El joven Pedro dijo con enfado:

—Ahí está tu pinche madre, no le vuelvo a pedir nada.

Pasaron 25 años y la boda nunca llegó. Elsa siempre tuvo la ilusión de vestirse de blanco, pero el tiempo, los celos y los golpes de Pedro echaron a perder ese anhelo. Tenían una relación tranquila en los primeros meses, como cualquier otra. Sin embargo, poco a poco, Elsa se dio cuenta de que discutía con Pedro por sus celos enfermizos, pero se sentía halagada, pensaba que reaccionaba así porque realmente la quería. Al final sentía que fluía dentro de él.

El primer golpe que Elsa recibió fue cuando tenía siete meses de embarazo, esperaba a su segundo hijo, Alberto. Para ese entonces vivían en un cuartucho en la casa de Consuelo, hermana de Pedro, en la ciudad de Puebla. Un sobrino de Consuelo estaba de visita y fue motivo suficiente para que Pedro se lanzara contra Elsa.

—¿Por qué le andabas coqueteando a ese pinche escuincle, crees que no te vi cómo lo mirabas? No nací ayer, pendejita —le recriminó señalándola con el dedo índice. Elsa se sintió incómoda, sucia.

—¿Cómo puedes pensar eso? Estás mal, Pedro, siempre sales con eso —respondió enojada y se sentó en la pequeña sala.

—¡Ah, mira qué chingona! Todavía que andas de perra te pones digna —Pedro gritó tan fuerte que Elsa pensó que Consuelo escucharía una pelea más.

Pedro miró fijamente a Elsa como a una presa. Dio unos cuantos pasos, la tomó del cuello y la arrinconó azotándola contra la pared. Elsa no sabía si preocuparse por su bebé o por su vida. Nunca había visto así el rostro de Pedro, tan temible y lleno de odio.

Mientras le decía que era una vil puta, sus mejillas recibían varios puñetazos severos, como si la estuviera golpeando con un martillo. Elsa no opuso resistencia y apenas se cubría con sus brazos esbeltos. Sólo gemía de dolor. Pedro, en un estado demencial, tomó la antena de la televisión y la impactó en la espalda de su esposa, en su cabeza, en sus piernas, en cualquier parte. Quería verla llorar y que le pidiera perdón. Elsa no aguantó más la golpiza y lloró suavemente, vio cómo Pedro se mordía el labio inferior.

—¡Ya ves lo que te pasa por ver a otros hombres! Aquí tienes a tu rey, yo soy tu amo —y se comenzó a carcajear como si estuviera poseído por un espíritu satánico.

Elsa, en cuclillas, escuchó que su corazón palpitaba y esperó a ver qué pasaba.

Elsa vivió una pesadilla de más de nueve mil días junto a Pedro. Sus hijos, Karina de 21 años, Alberto de 19, Laura de 17 y Rodolfo de 14, son personas que crecieron pensando que todo está mal. Por las reglas paternas nunca tuvieron un pastel de cumpleaños, no fueron a la escuela, les quitaron la ilusión del Día de Reyes: "Los reyes magos no existen, son los papás. Ni modo que tres pinches güeyes bajen del cielo con sus animales a darles regalos, ésas son mamadas". En vez de juguetes recibieron gritos, groserías, cachetadas, trancazos.

Elsa y sus cuatro hijos no podían hablar entre ellos, ni siquiera estar juntos. Los aislaba como si tuvieran lepra o alguna enfermedad contagiosa. Cada uno en un cuarto, otro en la cocina y alguien más en el taller. Estaban secuestrados en su propia casa. No podían ver la televisión ni escuchar música. Sólo veían y escuchaban los gustos de Pedro. Las amenazas y los golpes fueron la única educación que recibieron de su padre. Elsa sólo salía de la casa para ir al mercado y regresaba corriendo. Sus hijos le hablaban de "usted" porque, según Pedro: Elsa no merecía que la llamaran mamá, ni ningún otro tipo de respeto.

El carpintero se convertía en un custodio omnipresente de su mujer y de sus hijos. Realizaba rondines por toda la casa, se escuchaban sus pasos como un gran desfile militar, su mirada siempre vigilante. Cuando oía algunos susurros decía:

—Les voy a subir el volumen, pinches chamacos, ¿qué tanto se andan secreteando?

Cuando terminaba de trabajar o descansaba un poco, buscaba a Elsa para retarla, como si buscara bronca con un hombre. No perdía la oportunidad para exhibirla frente a sus hijos:

—Ya ves, chaparro, la pinche negra esa todo lo que dice es mierda, no vale nada. Por eso esa perra no sirve como madre.

Todas las humillaciones y los golpes que Elsa recibía los presenciaban sus hijos, pero eran simples espectadores. A Karina y a Laura les decía que su mamá andaba con muchos hombres. Como una oración religiosa, les contaba que cada vez que Elsa salía de compras veía con lujuria a los hombres o se besuqueaba con los vecinos. Para que Pedro no los golpeara más tenían que decir: "Sí, papá, tienes razón". Sentían miedo de despertar cada mañana.

—¿Por qué aguantaron tantos años de tinieblas y encierro?

—Lo permití por mis hijos. Yo quería que nunca les faltara su papá, que crecieran con él. También nos silenciamos por miedo, por pena de que la gente se enterara de todo. No teníamos a nadie, ni familia, ni amigos que nos ayudaran. Prácticamente vivíamos como esclavos.

En los ojos de Elsa había una desolación interminable. Se veía en el espejo y sólo encontraba un esqueleto, sus mejillas marchitas y sus labios secos. Su casa en Cuajimalpa era un calabozo tan estrecho que era difícil respirar aire nuevo.

Sin saber, Elsa tenía 35 años y siempre se dedicó al hogar. Un día inesperado Pedro le ordenó que buscara trabajo porque en la casa "nada más se hacía pendeja y no servía para nada". En realidad, no tenía alternativa. La situación económica de la familia empeoró luego de una tremenda inundación que echó a perder parte de la maquinaria, muebles y material de trabajo. Tenía poco de laborar por su cuenta y sus planes se desbordaron. Su carpintería se vino abajo. En ese tiempo, Pedro aumentó su histeria. Empezó a maldecir a Elsa. Descargaba su furia con malos tratos a sus hijos.

Aprovechó que Elsa encontró el trabajo de planta como cocinera para maltratar esos cuerpos huérfanos. Elsa salía de la zona de Bosques de Reforma los viernes cada 15 días. Volvía a su casa de Cuajimalpa el fin de semana y el lunes comenzaba su rutina laboral.

La más afectada era Laura, sólo por tener una relación estrecha con su madre.

Por ser "tapadera y alcahueta" de Elsa, la rapó con una máquina de peluquero. Nunca olvidará el ruido inquietante de aquellas aspas filosas. Le dijo que debería estar agradecida porque ya no estaría de putita con los amigos de su mamá. Laura sacaba a escondidas su valentía y abrazaba a su madre cada vez que llegaba de trabajo. Esto enfurecía a Pedro, lo llenaba de cólera. Una tarde la electrocutó, al igual que a Elsa. Sólo que Laura sintió unas descargas terribles en su cuerpo tierno e inocente. Pensó que le estaban dando ataques epilépticos cada vez que su padre le acercaba los cables de cobre.

Años más tarde, Pedro abusó sexualmente de Laura, tenía apenas 16 años. Le decía al oído con una voz agridulce que él sí la quería, que la única mujer que amaba era a ella y nadie más. Una noche disolvió un sedante en el licuado de Laura. Al amanecer, se percató de que su pijama estaba desgarrada y mal puesta. Laura no tiene manos enormes para cubrir con ellas su rostro triste, para matar esos recuerdos.

Alberto, desde chico, ayudaba a su papá en el taller. Un día desafortunado cortó mal una madera y casi ve su funeral. Pedro lo abofeteó y, con saña, le pegó en su espalda huesuda con una cadena hasta el cansancio. Quedó muy maltratado, no podía caminar, su espalda le ardía como una hoguera. Alberto se fue de la casa para siempre, ya no quiso ver la muerte. Ahora es un chico de la calle.

A Karina, la hija mayor, la violó en más de una ocasión. Su infierno empezó cuando tenía tan sólo 15 años. Pedro la amenazaba de muerte si le contaba todo a su madre. Karina creció lentamente como una mujer sombría, con cicatrices dolorosas y profundas. Le duele que su padre se convirtiera en un ser horripilante.

La última vez que Pedro la violó fue porque sospechó que ya había roto el silencio. El cuerpo de Karina tiembla desprovisto de amparo, no existe el consuelo para ella. Siente náuseas de sí misma. Karina dio a luz a una niña de su padre, tiene casi dos años de edad. A Karina le faltan palabras, aún no ha dicho nada.

El 7 de octubre de 2009, en una noche fría, escaparon de casa. Elsa esperó que Pedro quedara completamente dormido para huir con sus tres hijos y el bebé. Una semana antes, Elsa y Laura tomaron la decisión de salir de la oscuridad. "Mamá, ya estuvo bueno, ya vámonos, ya no aguanto a ese pinche viejo desgraciado, maldito puerco."

Elsa se atrevió a contarle todo a su jefa de Bosques de Reforma. Le platicó sus años de angustia y de vacío. De inmediato las llevó a la Comisión de Derechos Humanos del Distrito Federal y de ahí la canalizaron al Centro de Atención a la Violencia Intrafamiliar de la Procuraduría Capitalina. Las trabajadoras sociales le informaron a Elsa que el bebé de Karina era de Pedro, producto de las múltiples violaciones. Elsa se quedó atónita y triste. Esas palabras se las grabaron con un cincel en su memoria.

—Me dio mucha rabia cuando me enteré, con ganas de tenerlo enfrente. ¿Cómo su papá les hizo tanto daño a sus hijos? A veces me siento culpable por haberlos dejado solos.

Al paso de los días llegaron al refugio de la Fundación Diarq-Nuevo Día, donde recibieron atención médica, psicológica y legal. Con la ayuda de una abogada de la Fundación, prepararon la denuncia correspondiente contra Pedro. Un mes después fue detenido y preso en el reclusorio norte, por violación e intento de violación. Espera todavía su sentencia.

Elsa piensa mucho lo que dice. Tal vez porque hablar es una experiencia nueva para ella. Cuatro meses después se siente tranquila y sin miedo, con sus hijos. Ellos ingresaron a la secundaria y a la primaria a estudiar, como cualquier niño. Elsa encontró trabajo como cuidadora de niños en una casa en Bosques de las Lomas. No le guarda rencor a Pedro a pesar de lo que les hizo. Nunca pensó que todo terminaría así, que su familia fracasaría. Ahora comienza otra vida, su vida en libertad.

La última vez que vio a Pedro fue en un careo en el asfixiante reclusorio norte. Lo vio más viejo y tan poca cosa que le dio lástima. Pedro soltó con una vocecita de ratón que Elsa sabía todo, que su silencio era cómplice. Sin titubear, Elsa le recordó lo que le hizo a su hija Karina. El carpintero vestido de uniforme beige agachó rápido la mirada. No la pudo ver a los ojos.

Elsa bajó lentamente las escaleras del juzgado. Entre lágrimas se dijo: "Cómo pudo ser tan desgraciado".

▌▌ VIOLENCIA VERBAL[57]

Incluye los insultos, los gritos, las palabras hirientes a ofensivas, las descalificaciones, las humillaciones, las amenazas, los piropos que causen molestia, etcétera.

▌▌ VIOLENCIA FAMILIAR O DOMÉSTICA[58]

Durante mucho tiempo, el publicitado mito del "hogar, dulce hogar" impidió que socialmente se tomara conciencia acerca de un grave problema social que siempre ha estado presente: la violencia que se ejerce dentro y/o fuera del hogar.

Siglos de ocultamiento del problema generaron y mantuvieron el mito de que todo lo que ocurre dentro de la familia es una cuestión privada, situación que fomenta una minimización de los hechos poniendo en riesgo a los individuos dentro de las familias, principalmente mujeres y niños, ya que el ejercicio de la conducta violenta es mayormente actuado por los varones adultos. Éste es un mito que ha proporcionado impunidad a todas aquellas personas que ejercen diversos grados de violencia dentro del hogar, en una escala que puede llegar hasta el homicidio. Este mito de la privacidad ha sido sostenido a través del tiempo por una serie de instituciones sociales, políticas y religiosas, lo cual ha dificultado su revisión.

▶▶| Las mujeres constituyen las dos terceras partes de las personas a las que han tratado de forzar o que han forzado a tener relaciones sexuales y tanto en una o en otra situación, la casa de la persona agredida ha sido el lugar de la agresión.[59]

▶▶| Casi cuatro de cada 10 mujeres opinan que una buena esposa debe obedecer a su esposo en todo lo que él ordene (38.2%).[60]

---

[57] Campaña "Amor es sin violencia" para la prevención de noviazgos violentos.
[58] Campaña "Amor es sin violencia" para la prevención de noviazgos violentos.
[59] Envinov 2007.
[60] Endireh 2006.

▶ Las relaciones de pareja se construyen, no aparecen por generación espontánea. Hay la teoría de las deudas no pagadas. Por ejemplo, es cuando las hijas de padres alcohólicos se casan o buscan personas así. Como no pudiste salvar la vida de tu padre, pues tienes como objetivo cambiar a tu novio o esposo alcohólico golpeador. Sacarlo de su vicio. "Por mi amor vamos a ser felices", dicen muchas mujeres. La mujer debe evaluar qué tipo de figura paterna quiere para sus hijos. ¿Va a sacrificar la integridad física, emocional, intelectual y sexual de sus hijos? ¿Qué tal si es un padre violador?

Lucía Rodríguez
Abogada feminista

Días extraños

Nerud se sintió raro cuando vio a decenas de jovenzuelos salir eufóricos de la sala de cine. Observó con extrañeza que hace 12 años él era uno de esos quinceañeros que hacían tanto ruido por cualquier cosa. Le molestaban los gritos y las risas desenfadadas que se extendían rápidamente como el olor a mantequilla de las palomitas. Él en realidad quería ver *Transformers*. Sin embargo, Liz lo convenció y vieron *Harry Potter y la Orden del Fénix* en la pantalla IMAX-Perisur.

—¿Te gustó la película? Me encantó cuando Voldemort desaparece como fantasma y trata de dominar al pobre de Harry —dijo con cierto entusiasmo Liz.

—Sí, estuvo buena. Pero vámonos ya, no soporto los gritos de estos mocosos…

Caminaron por la plaza y se detuvieron a comer un helado. Nerud, como siempre, acarició suavemente las manos pequeñas y frías de Liz. Le fascinaba el roce de sus dedos con esa piel blanca y delicada. Sus cabezas apenas se encontraban a 10 centímetros de distancia y podía oler su exquisito perfume de violetas.

Por primera vez, Nerud descubrió algo en los ojos de Liz: una mirada de acuario, una leve pero brillante luz. Fue un momento de resplan-

> **¿Te reconoces como una persona violenta con tu pareja?**
> ❏ Sí.
> ❏ No.

dor. Nerud se quedó congelado mientras ella movía sus labios delgados hablando al vacío.

—¿Sabes?, mientras estés conmigo no te pasará nada…

Liz cortó de golpe su plática, no entendía lo que le decía aquel hombre moreno.

—¿Qué dijiste?, no comprendo nada.

—Que siempre te voy a proteger, donde estés…

—¡Ay, Nerud! Sabes que a pesar de todo te quiero. Me pongo muy contenta cuando me dices todo esto.

Enseguida Liz, emocionada, no tardó en abrazarlo. Le dio un beso en la mejilla. Fue un gesto tan dulce y cálido que aún Nerud lo recuerda como su tesoro más preciado.

Nerud y Liz se conocieron en una posada en diciembre de 2004. Ella tenía tan sólo 15 años y cursaba tercero de secundaria. Él se sentía incómodo en la fiesta, a sus 24 años le parecía infantil estar en ese lugar. Sin embargo, desde que llegó Liz lo atrapó de inmediato aquella mirada provocativa. Es mi "Lolita", pensó. Nerud se aferró y le dijo a sus amigos que esa "nenita" sería su novia, por el simple hecho de desearla.

En el transcurso de la reunión tomaron un poco, platicaron y rieron toda la noche, bailando al son de lo desconocido.

Bastaron unas cuantas citas para que Liz aceptara a Nerud como novio. Le gustaba que fuera atento y le diera muchos regalos. O quizá que fuera más grande que ella para presumirlo con sus amiguitas. Al mismo tiempo, Liz no escapaba de los conflictos habituales de su edad, tenía problemas continuos en su casa por faltar a clases e irse de pinta muy seguido. Al final a su familia le importaba poco o nada lo que hacía. En poco tiempo, en una bocanada, el consuelo de Liz era Nerud, y viceversa.

Él trabajaba casi todo el día en el Centro Histórico, vendía bisutería: artículos para el cabello, diademas, pasadores, pulseras y demás joyas de adorno. No tenía tiempo para él. Salía a las ocho de la mañana y regresaba a su casa a las nueve de la noche por el rumbo de Martín Carrera. Nerud se sentía solo, creía que caminaba en sentido contrario a los demás.

A pesar de que su tiempo lo medía un cronómetro, tenía espacio para escribirle cartas a su joven pareja, le hablaba por teléfono sin hostigarla, la invitaba a cenar o simplemente le regalaba todo lo inimaginable de Harry Potter: bufandas, corbatas, varitas, capas de mago, bolsas, mochilas, la taza mágica, figuras de los personajes, llaveros, monedas, relojes, playeras, un cuaderno llamado "Diario de las Cuatro Casas de Hogwarts", rompecabezas, plumas, revistas, y por su puesto todos los libros y las películas. Liz era fanática del mago de la cicatriz, coleccionaba todo.

El hermano de Liz le dijo tiempo después a Nerud:

—Pensamos que eras rico o que te habías sacado la lotería porque cómo gastabas con mi carnalita.

Tenían un poco de buena suerte, la suficiente para estar juntos. En esos años maravillosos, Nerud y Liz cantaban como siempre su rola "Again" de Lenny Kravitz.

Apenas habían transcurrido cuatro meses de noviazgo cuando surgió lo inesperado: Liz decidió huir de su casa, ubicada en San Juan de Aragón. Ya no podía vivir en un lugar donde era difícil hablar y respirar. Le pidió ayuda a Nerud, quien le ofreció alojarse en su pequeño departamento que estaba enclaustrado en una vieja vecindad. Las viviendas restantes eran habitadas por sus papás y hermanos, tíos, primos, sus abuelos. Era una colmena enorme donde convivían cinco familias de manera independiente.

Toda la noche del 22 de abril, los padres de Liz estuvieron marcando a su celular, llamaron a sus amigos y conocidos para saber dónde se encontraba, pero nadie sabía nada. Los minutos eran lentos y desesperantes. Por un momento pensaron que la habían secuestrado. Una llamada de Liz terminó con la angustia. Se dirigieron a aquella fortaleza ubicada en la calle de Nicolás Bravo, delegación Gustavo A. Madero.

De inmediato le exigieron que regresara. Sin embargo, en un tono retador, la quinceañera les dijo que se quería quedar, que se sentía mejor ahí que en su propia casa. Sin respiro inventó de la nada que estaba embarazada. Pensó que con esta noticia la dejarían de molestar para siempre. El padre y la madre de Liz se quedaron en shock. En contra de su voluntad, no tuvieron más remedio que aceptar las reglas de su hija.

Liz ya no quiso seguir estudiando, no terminó la secundaria. Le dijo a Nerud:

—Para qué voy si nos vamos a casar después.

En ese momento, Nerud sólo pensaba en ella y en su trabajo. No veía un futuro promisorio con Liz pero la quería. Era un vuelo imprevisible entre el marchito aire de la ciudad.

Pasó el tiempo y todo iba bien, o eso pensó Nerud. Al cumplir tres años de novios iniciaron las primeras discusiones. Los celos invadieron la mente de Nerud porque le llegaron versiones de que Liz se la pasaba con un hombre mientras él trabajaba. Trató de aclarar la supuesta infidelidad de su novia pero ella siempre evadía el tema.

Nerud insistió en que era mejor despejar los rumores porque la relación se estaba pudriendo. Le costaba confiar en ella. Liz se sintió acorralada y comenzó a insultarlo con tanto desdén que no tardó en gritarle de una forma enfermiza:

—Yo no soy tu llaverito, ¿eh, cabrón?, soy tu mujer y me respetas… Si quieres que estén listas tus cosas hazlas tú, yo no soy tu gata… Eres un mediocre.

Nadie le había gritado a Nerud con tanta rabia, ni siquiera sus padres cuando era un adolescente rebelde. Nadie se había atrevido a cuestionarlo, a "ponérsele al brinco". En ese momento, no soportó que una jovencita de 18 años le hablara con tanto desprecio, pero contuvo heroicamente el humor de mil demonios que hervía por todo su cuerpo. Cuando escuchaba esos gritos, su rostro cambiaba de color a un rojizo cobre que le hacía resaltar sus ojos negros. Enseguida lo invadía un pequeño tic en el labio inferior derecho. Sentía que una cubeta con agua hirviendo recorría lentamente su cabeza.

Las señales infieles fueron más y las explicaciones de Liz menos. Su novia se ausentó del departamento una semana porque iría de vacaciones con su mamá. Antes de que regresara, Nerud se enteró de que su suegra había estado en su casa, en el Distrito Federal. Nunca supo realmente dónde fue ni con quién.

En otra ocasión, Nerud encontró accidentalmente en el diario de su chica una serie de recaditos: "Por el momento ya no puedo verte —le decía a su ex— porque mi cuñada ya se enteró". Nerud salió muy molesto de la habitación, como un toro castrado, y la esperó inquieto en la sala mientras llegaba de trabajar. Liz había conseguido empleo en una tienda de cosméticos con la hermana de Nerud, en un local de Venustiano Carranza, en el Centro Histórico.

Al escuchar la chapa de la puerta, Nerud dio un brincó tan torpe que casi pierde el equilibrio. Liz lo miró de una forma sospechosa y le preguntó si todo estaba bien…

—Es precisamente lo que quiero saber, porque creo que nuestra relación ya no funciona. Tú no quieres hablar de nada, y ya me cansé, estoy simplemente fastidiado. ¡Estoy harto de tus mentiras! —gritó con tanta fuerza que le dolieron los pulmones…

—Tienes razón, está bien, como quieras —respondió indiferente Liz y se fue directamente a la recámara.

A Nerud ya no le importaba si Liz lo quería o no. Sólo deseaba estar libre y descansar su mente. Sabía que su pequeña maga no era honesta y le dio un vuelco el corazón. Salió a la calle a ningún lugar, sólo quería caminar y pensar. Prendió un cigarrillo mientras la noche se hacía más vieja. Siguió caminando por varios minutos buscando explicaciones en el vacío.

Reconocía que ya no era aquel chico atento y eso lo frustraba un poco. En ciertos momentos era distante y arisco con Liz. Pero no sabe en qué momento se le acabó el amor. Sabía que estaba celoso por la presencia de un hombre que ni siquiera conocía. El amor es elección y él ya no era el elegido.

La tristeza de Nerud carecía de límites, por eso decidió alejarse. Adiós a lo que duele tener o abandonar. Adiós a la mala nostalgia que no deja dormir por las noches. En una de tantas fiestas, su prima la mayor le dijo a Nerud:

—Yo que tú dejaba de tomar. Mira a tu novia ahí sentada, aburridísima. Seguro se va a buscar a alguien más si no cambias tu actitud arrogante.

Un poco agotado por el insufrible trayecto Perisur-Martín Carrera, Nerud se quitó su chamarra de mezclilla y la botó en el sofá. Los boletos del cine cayeron pero le dio flojera recogerlos. Mientras tanto, Liz se dirigió a la cocina a beber un poco de agua. Puso su vaso conmemorativo de Harry Potter en el fregadero y se sentó al lado de su novio, de su amante, de… realmente no sabía qué era Nerud en esos días. Sólo quería tener más sábados como el que estaba viviendo.

Liz estaba juntando dinero para rentar en otro lugar, sentía que tenía que partir tarde o temprano. Tal vez con una amiga o con una tía. Pensaba que con su mayoría de edad podría llegar un mejor tiempo. Asimismo Nerud le dijo que se tomara las cosas con calma, que no se precipitara al vacío. Tanto Liz como Nerud eran adolescentes que no tenían su mente en claro. A veces el silencio caía en sus frentes.

Sentados en la sala, Nerud recibió una llamada de sus amigos para ir al Bol Montevideo AMF que está en la colonia Lindavista, pero no se sintió con muchos ánimos. Se quedó en casa a ver televisión y se le ocurrió pedir una pizza hawaiana. En la televisión había basura y le dijo a Liz que pusiera *Gladiador,* su película favorita.

—Está en los cajones del buró, búscala ahí, porfa —le contestó desde la cocina…

Nerud se levantó con cierta pesadez al cuarto. Encontró rápidamente el DVD que se escondía entre papeles, aretes y pulseras. Antes de cerrar el cajoncito de madera vio una foto de alguien que no era él.

—Ah, ¡eres tú, cabrón!, mucho gusto en conocerte —dijo para sí mismo y se la guardó en el pantalón.

Media hora después, mientras veían la película, Nerud le preguntó a Liz:

—Oye, ¿y quién es ése de la foto?

—¿Cuál foto, de quién me hablas? —contestó ella sin sobresaltos.

—La que tienes escondida en el buró, es tu ex, ¿verdad? Lo sabía…

Rápidamente Liz corrió hacia el cuarto a revisar sus cosas, su bolsa, y le reclamó furiosa a Nerud:

—¡Por qué esculcas mis cosas, cabrón! Sabes que me choca que andes vigilando todo lo que hago.

Nerud entró a la habitación y la tomó fuerte del brazo…

—Sólo te estoy preguntando quién es, nada más.

—¿En verdad quieres saber? Es mi ex novio, ¿contento?

—No, no estoy contento. ¿Sabes qué?, ¡mejor ya vete! Ya no quiero verte, ya no puedo dormir en la misma cama que tú… Ya no seas cínica, por favor. ¡Mentirosa!

Aquellas palabras la horrorizaron tanto, que sintió que una descarga eléctrica recorría su cuerpo… Empezaron a forcejear entre insultos y caras de rencor. Se hicieron mucho daño.

—¿Y tú qué?, sólo me ilusionaste para nada. ¡Mírate dónde estás, estúpido! Yo me largo con mi ex, es lo que tuve que hacer desde el principio. ¡Él sí es un hombre!... —y de repente voló una lámpara que casi golpea la cabeza de Nerud, quien alcanzó a esquivarla de milagro. Incontables trozos de vidrio cayeron desperdigados, provocando un ruido inquietante, como si se hubieran estrellado dos coches a máxima velocidad.

Al escuchar esos gritos rabiosos, Nerud sintió mucho coraje y desilusión. Su rostro comenzó a cambiar de color a un rojizo cobre que le hacía resaltar sus ojos negros. Lo invadió el mismo tic en el labio inferior derecho. En esos instantes lo único que deseaba era hacerle daño. En segundos sintió un impulso destructivo. Tomó con la mano derecha sus tijeras para cortar alambre que se encontraban en la cama y con un odio brutal las enterró en el cuello de Liz. De inmediato se escuchó un aullido ensordecedor de mil gargantas. Las tijeras de acero penetraron nueve centímetros en aquella piel blanca. Los ojos de Liz casi explotaron. La sangre fluía como un volcán en erupción.

Pasaron cinco segundos y Nerud se espantó terriblemente. Sintió miedo cuando vio toda la sangre derramada en el cuerpo de Liz, en su cuerpo, por todos lados. Quiso abrazarla pero ella lo alejó desesperada con las manos, quizá pensó que le iba hacer más daño. Nerud comenzó a gritar y a llorar:

—¡Perdóname, perdóname! ¡Por favor, perdóname!

En ese momento, Liz estaba agonizando y el dolor eran tan quemante que se arrancó las tijeras del cuello con las últimas fuerzas que tenía para respirar. Se desangró aún más. La sangre viva escurría, no paraba de fluir: un río rojo desbordaba el cuarto. Las tijeras quedaron junto a la figura inmóvil de Liz. De repente, una voz masculina dijo con sorpresa:

—¿Qué hiciste, Nerud? —era su hermano menor. Sergio vio que la pared cercana al clóset estaba ensangrentada y el piso tenía una gran mancha roja brillante.

Sergio vio el cuerpo indefenso de Liz, lo cubrió con una toalla blanca y llamó a una ambulancia y a una patrulla. Al igual que su hermano, no sabía qué hacer. Los paramédicos nunca llegaron. Liz murió de una hemorragia profunda. Nerud estaba sentado en la taza del baño, desconocido, ausente. Sintió una masa de aire al interior de su cuerpo, un aire insecticida que lo mataba por dentro. Era asfixiante vivir en esos momentos.

A los pocos minutos llegó el padre de Nerud, quiso vomitar, no lo podía creer. Le dijo a su hijo que tomara las llaves de su auto y que se diera a la fuga.

—Vete ahora que puedes.

Nerud estaba tan desconsolado que alcanzó a decir:

—No tengo por qué huir. Yo no quería hacerlo, no pude hacer nada por ella —Nerud creía que el corazón se le saldría del pecho.

Poco después llegaron varios policías judiciales al departamento y uno de ellos se dirigió al baño donde estaba Nerud sentado en el piso, con su cabeza sepultada entre las manos. Todavía la sangre, un poco seca, se le notaba en los brazos y en la ropa.

—¿Te das cuenta de lo que acabas de hacer?

—Sí.

—Acabas de arruinar tu vida, hijo.

Nerud era incapaz de hablar, su voz no dijo nada. El judicial lo tomó de su hombro dócil y se lo llevó a la patrulla.

—¿Por qué lo hiciste?

—Los celos me cegaron, me desconocí en ese momento. Si pudiera regresar el tiempo no lo haría, pero es una fantasía, eso lo sé. Recuerdo a Liz y la extraño… Me siento solo aquí adentro. Cuando miro hacia atrás, hoy pienso que fueron unos días extraños.

Nerud tiene 29 años y está preso en el reclusorio norte por homicidio calificado. Le dieron una sentencia de 15 años y tres meses. En estos momentos está a punto de terminar la preparatoria y quiere estudiar la carrera de psicología.

▌▌ DELITO DE GÉNERO[61]

Es la acción u omisión dolosa o culposa, descrita por la ley penal, cometida en contra de las mujeres en función de su condición específica de género.

Principales delitos de género: Abuso sexual, discriminación, estupro, homicidio, hostigamiento sexual, incesto, lesiones, omisión de auxilio o cuidados, abandono, retención y sustracción de menores o incapaces, violación y violencia de género, entre otras.

▌▌ HOMICIDIO[62]

El homicidio es un delito que consiste en la privación de la vida, realizado por una o varias personas contra otras.

El homicidio es el más grave de los delitos, ya que la vida humana es el bien jurídico más protegido en casi todas las legislaciones del mundo y castigado con penas privativas de la libertad.

▶▶| El número de muertes intencionales de mujeres registradas en nuestro país en 2006 fue de 2 011, de los cuales 1 298 fueron homicidios y 713 suicidios. Lo que significa que diariamente mueren seis mujeres por violencia: cuatro por homicidio y dos por suicidio.[63]

▶▶| Cada 35 minutos una mujer pide ayuda, y se estima que 38% de las mujeres padece violencia emocional, 29% violencia económica y 9% violencia física.[64]

 Las mujeres están empezando, para bien o para mal, a utilizar también ciertas estrategias de violencia. La violencia física sigue siendo muy leve desde mi punto de vista. Si tú

---

[61] Delitos contra la libertad, la seguridad sexual y el normal desarrollo psicosexual.
[62] Delitos contra la vida y la integridad corporal, Inmujeres.
[63] Datos proporcionados por el Imjuve.
[64] Datos proporcionados por el Imjuve.

ves las estadísticas, los hombres siguen siendo los depredadores número uno, no sólo de mujeres sino de hombres, porque se matan entre ellos.

Luciana Ramos
Investigadora del Instituto Nacional de Psiquiatría

A diferencia de algunas tradiciones de pensamiento que miran las crisis como experiencias negativas, en este trabajo se parte de una premisa diferente: los momentos de emergencia constituyen el potencial para que una persona pueda reflexionar e iniciar el camino del cambio.

Organización Panamericana de la Salud
Programa Mujer, Salud y Desarrollo, María Cecilia Claramunt,
San José, Costa Rica, mayo de 1999

Estas cosas sanan, estas cosas pasan

Eran las siete de la noche y Verónica caminaba por la calle tomada de la mano de su novio Jorge cuando Pablo llegó a ellos pedaleando como si huyera de alguien.

—¿Traen celular? —les preguntó Pablo desesperado a los dos.

—No —contestaron ambos.

—¿Para qué quieres el celular? —preguntó Verónica al ver la angustia de Pablo.

—Por el panteón hay una chava tirada llena de sangre y necesita ayuda. Me llamó, pero yo no me quise acercar, quiero llamar a una ambulancia.

—¿La dejaste ahí tirada? —exclamó Verónica.

—No me quise acercar, me dio mucho miedo —expresó Pablo con mucha vergüenza.

—¡No puede ser! —gritó Verónica exaltada y se echó a correr.

Verónica estaba a una cuadra de llegar al pequeño fraccionamiento donde vivía, el panteón se encontraba a dos calles y media de ahí. Con sus 15 años corrió a toda velocidad.

Las dos cuadras y media le valieron para pensar en su madre: Maribel, una mujer feminista que siempre ha sido su ejemplo y que

> **¿Te has preguntado alguna vez si tienes una relación violenta?**
> ❏ Sí.
> ❏ No.

desde que ella recuerda ha estado involucrada en temas de violencia contra las mujeres. "¿Cómo es posible que sigan pasando estas cosas?", se preguntaba Verónica sin respuesta.

Ella corría y el coraje le corría por la venas, cuando la sangre llegaba al pecho se convertía en indignación. "Ves a una mujer tirada en el suelo y no te quieres acercar a ayudarla por miedo ¿por miedo a qué? Si a ella fue a la que le pasaron cosas", pensaba Verónica mientras a lo lejos aparecía la silueta de Laura sentada en el suelo, abrazándose a sí misma bañada en sangre.

Del cabello rubio de Laura escurría el rojo de sus heridas en la cabeza y parecía que la tierra del cementerio al mezclarse con su sangre se tragaba sus piernas.

Verónica se arrojó hacia Laura y la abrazó.

—No te preocupes, te vamos a ayudar —le dijo mientras la estrechaba con todas sus fuerzas.

Jorge, que venía corriendo atrás de Verónica, se quedó impactado mirando. Laura no paraba de llorar, su ropa estaba teñida de sangre, los calzones los llevaba puestos por encima de la falda de la escuela. Jorge, al verla, se quitó la chamarra y se la puso sobre las piernas.

—¡Ve a mi casa, entra y tráete una cobija! —gritó Verónica mientras un pensamiento atravesaba su cabeza: "Nunca voy a estar en una situación como ésta, no lo voy a permitir".

Jorge se quedó pasmado.

—¿Yo? —preguntó.

—¡Sí, tú, en este momento! —volvió a gritar Verónica y vio cómo Jorge se alejaba corriendo.

Verónica no había soltado a Laura y le hablaba para tranquilizarla.

—Ahorita que regrese Jorge vamos a llamar a una ambulancia. Yo voy a estar contigo.

Laura lloraba, miraba a Verónica, y aunque trataba de hablar, la herida de extremo a extremo que llevaba en la región submandibular no la dejaba articular ninguna palabra con claridad.

Con mucha dificultad Laura comenzó a hablar:

—Muchos carros se fueron, se paraban, me veían, se reían y se iban. Me tomaron fotos —sollozaba Laura y sus ojos verdes se inundaban de nuevo—, nadie se quedó, nadie se acercó…

Verónica veía cómo seguían pasando los autos y a pesar de que ella también trataba de llamar su atención y pedir ayuda, nadie se detenía. Su corazón se partía por dentro y sentía enojo, coraje y tristeza… se preguntaba: "¿Dónde está la solidaridad? Ves a dos mujeres sobre la tierra llenas de sangre y no te acercas?"

—Pero ya estoy yo aquí —le decía Verónica suavemente mientras la abrazaba y contenía sus ganas de llorar—. ¿Cómo te llamas?

—Ana Laura Palacios Ochoa.

—¿Y cuántos años tienes?

—Diecisiete.

—¿De dónde eres?

—De Guelatao (Estado de México).

—¿Y qué hacías hasta acá, hasta Texcoco? —preguntaba Verónica sin parar.

Jorge venía llegando a toda prisa con la cobija que Verónica le había solicitado y juntos taparon a Laura.

—Regrésate y llama a una ambulancia… ve con el portero, con quien sea y pide una ambulancia o una patrulla. Yo me quedo aquí —exclamó Verónica.

Verónica miró cómo Laura se iba quedando dormida entre sus brazos y comenzó a hablarle más…

—No te duermas, aquí estoy yo contigo… ¿Qué te pasó?

Laura sólo alcanzaba a señalar sus heridas, una mordida en el cuello, una cortada de lado a lado del maxilar inferior, la cabeza descalabrada, su blusa blanca abierta exponía las cortadas sobre sus senos y lo mismo sucedía con sus piernas.

Ese día Laura se había ido de pinta para verse con su novio y terminar con él. Después de vivir el peor día de su vida, despertó en un cementerio herida y bañada en sangre, se arrastró hasta salir del camposanto, luego atravesó una carretera y se rindió al dar vuelta a la calle para pedir ayuda.

—Dame un teléfono donde pueda llamar a tu mamá o localizar a tu familia.

Laura escribió en uno de los brazos de Verónica su nombre completo, su dirección y teléfono. En el otro brazo escribió el nombre completo de su novio y el Conalep en el que estudiaba.

Una hora después llegaba la ambulancia y Laura se aferraba a Verónica. Los paramédicos no sabían a quién atender, para ese momento ambas estaban cubiertas de sangre y llenas de tierra.

—No te preocupes, aquí voy a estar —le decía Verónica mientras miraba que las manos lastimadas con las que Laura se aferraba a ella habían perdido algunas uñas al defenderse—, te tienen que revisar para ver si estás bien.

Laura trató de sacar la lengua y le señaló a Verónica la perforación que llevaba en la lengua.

—Quítamela, por favor, mi mamá no sabe que la tengo, me va a regañar —susurraba Laura con una voz muy tenue y ronca.

Verónica trató de ayudarla pero le fue imposible a Laura siquiera sacar la lengua.

Los paramédicos subieron a Laura a la ambulancia, y al llegar una patrulla Verónica preguntó:

—¿A dónde la van a llevar?

—Al Hospital de Especialidades de Texcoco —contestó un oficial.

Llegado el momento de informarle a la familia de Laura, los oficiales le dijeron a Verónica: "Tú la encontraste, llámale a su mamá".

Desde un celular marcaron el número de casa de Laura y le pasaron el teléfono a Verónica.

—¿Es usted la mamá de Laura?

—Sí, ¿por qué?, ¿qué le pasó? —contestó la mamá de Laura muy exaltada.

—Mire… yo vivo en Texcoco —titubeaba Verónica—, a su hija ya la están revisando. No sé cómo decirle… le pasó algo muy feo… la violaron… pero está aquí, está bien… está viva… la van a llevar a un hospital, escriba la dirección por favor.

—¿Está bien mi hija? —la madre de Laura lloraba y hacía la misma pregunta sin parar.

—Sí, está muy bien. No se preocupe, ya me dijeron los de la ambulancia que va a alcanzar a llegar al hospital, que pueden hacer una intervención rápida, que está muy bien para toda la sangre que ha perdido.

—Yo llego allá —dijo la madre de Laura antes de colgar sin pensar que de Guelatao al Hospital de Especialidades de Texcoco son dos horas y media de camino.

Cuando Laura se percató, había cerca de 200 personas a su alrededor, paradas, en autos, en bicicletas… entre todas ellas no reconoció a nadie, nadie que se hubiera acercado a auxiliarlas.

Laura en la ambulancia se aferraba a la cobija que le habían traído para cubrirla, no se dejaba revisar y la pena que sentía la usaba para defenderse.

Verónica vio cómo la ambulancia se alejaba y volvió a casa. Se metió a bañar mientras lloraba, vio cómo de su cuerpo se desprendía la sangre de Laura, la veía correr… lágrimas, agua y sangre que se iban por el caño.

En ese momento no quería tener a ningún hombre cerca, sólo podía pensar en Laura y en lo que ella estaba pasando, todo eso la hacía tener "un odio terrible con cualquier hombre" que se le pudiera acercar.

"Si le pasara a tu mamá, a tu hermana, a tu tía, a tu abuelita... ¿no pasas y te ríes?", pensaba enojada. Luego a su pensamiento venía Laura de nuevo, su madre, su hermano. Trataba de dibujar en su imaginación todo lo que debían estar pasando.

Al llegar a casa Maribel, la mamá de Verónica, le contó todo. Verónica fue regañada por su madre por no cuidarse, por no contemplar que el contacto directo con la sangre de alguien más le pudo provocar alguna enfermedad.

Verónica se sintió frustrada y se molestó todavía más. Ella pensaba: "en ese momento lo que menos piensas es en ti, cuando tú te ves entera... de cuerpo perfecto y no te pasa nada, cuando no estás sangrando..."

Aquella noche fue terrible para Verónica. No pudo conciliar el sueño, vomitó, tuvo diarrea, su cuerpo somatizó el dolor, el coraje y la tristeza. No podía alejar la imagen de Laura, no podía dejar de pensar en ella.

Esperó el amanecer, se levantó, se bañó de nuevo y todavía el agua le recordó el rojo de la sangre de Laura. Se vistió y esperó a que Jorge viniera por ella.

No hablaron mucho camino al hospital, en silencio Verónica repasaba una y otra vez la historia de Laura.

Nadie le dio informes a Verónica y a Jorge sobre Laura, como no eran familiares ni mayores de edad los ignoraron. Finalmente la recepcionista les dijo que la habían trasladado a Guelatao.

Verónica recuerda que en ese entonces su madre le restringía las salidas porque por esas fechas habían ocurrido tres asesinatos de chicas más o menos de la edad de Laura y el tema del feminicidio en el Estado de México estaba cada vez más presente en las noticias locales.

Verónica se sintió frustrada de no saber nada de Laura y volvió a casa, esperó a que su madre llegara y le pidió su celular. Marcó el número y la madre de Laura atendió el teléfono.

Su voz se escuchaba tranquila, le dijo que Laura seguía hospitalizada pero que iba mejorando.

—¿Van a denunciar? —preguntó Verónica consternada.

—Sí, sí vamos a declarar —contestó la mamá de Laura.

—Manténganse en contacto conmigo, avísenme cualquier cosa, yo estoy a su disposición para declarar y cualquier cosa, por mí no se preocupe —insistió Verónica.

—¿Cuándo nos vemos para devolverte tu cobija?

—No, quédesela, gracias —contestó Verónica pensando que por nada del mundo dormiría de nuevo cubierta por esa manta.

Pasaron tres días más para que Verónica hablara con Laura. Tomó el teléfono y le marcó.

—Hola, Laura, ¿cómo estás?

—¿Quién habla? —preguntó Laura con una voz todavía lastimada, muy tenue y muy ronca.

—Ah, la chava rara que te abrazó cuando te pasó el accidente hace unos días.

—Ah, eres tú.

—Sí. No sabes mi nombre, me llamo Verónica.

—Sí sé tu nombre, sí me lo dijiste.

—Ah, es que pensé que no te ibas a acordar.

—Me dijiste tu nombre. Gracias, Vero, por haberme ayudado. Me quedé con tu cobija, ¿no te molesta?, me la quiero quedar.

—Quédatela. ¿Cómo estás? ¿Cómo sigues?

—Pues ya bien, ya puedo hablar, más de lo que podía hablar ese día, ya me puedo mover más, mis cicatrices están sanando.

—¿Ya saliste del hospital? —preguntó Verónica y se dio cuenta de que era un cuestionamiento tonto porque ella misma la había llamado a casa.

—Sí, ya estoy aquí en mi casa.

—¿Qué pasó? ¿Denunciaste a Abraham? —preguntó Verónica con curiosidad.

—Mmm… —Laura dudó en contestar—. Sí, sí lo denuncié.

—¿Y por qué a mí no me han llamado para declarar? No han tenido contacto conmigo, en el hospital no me supieron decir en dónde estabas.

—Sí denuncié, no sé si te manden llamar, pero sí denuncié —dijo Laura sin escucharse convencida—. No te preocupes, ya olvídalo, estás cosas sanan, estas cosas pasan…

—No, estas cosas no deberían pasar —argumentó Verónica un tanto desesperada y le pidió con algo de frialdad que le contara lo que había pasado ese día—. Ahora que estás más lúcida, que estás mejor, cuéntame. ¿Qué fue lo que pasó?

Aquel día Laura no fue a la escuela porque Abraham la había invitado a faltar a clases para beber un poco. Ese día ella le diría en privado que quería terminar con él para evitar un escándalo en la calle, la escuela o la casa.

Cuando Laura llegó a casa de Abraham estaban dos amigos de él: Amanda y Gabriel, todos tomando tequila. Ella también empezó a beber.

Laura se levantó al baño y Abraham atrás de ella. Aprovechó y le dijo que ya no quería andar con él, que le parecía una persona "muy buena onda" pero que su agresividad y su manera de ser ya no le daban confianza.

Abraham la tomó de los hombros y la empujó hacia la puerta del baño.

—¡No estoy de acuerdo contigo! —exclamó Abraham—. ¡Eres una piruja, seguro que quieres dejarme para andar con alguien más!

—No, no es por eso —argumentó Laura—, y ya no me toques. No quiero andar contigo precisamente por estas actitudes.

Laura trató de irse pero los amigos de Abraham la detuvieron.

—¿Me abren la puerta?, ya me tengo que ir —pidió Laura asustada.

—Bueno, está bien, pero si te terminas la botella con nosotros —le dijo Gabriel.

Laura no estaba muy convencida de seguir bebiendo, pero se sentó y no paró de beber, eran sólo las 11 de la mañana.

El fondo vacío de aquella botella era su única alternativa. Se levantó y de nuevo replicó.

—¿Saben qué? Ya me tengo que ir.

Se dirigió hacia la puerta y comprobó que seguía cerrada. Recordó las llaves sobre la mesa, volvió por ellas, y cuando las tomó, sintió cómo la jalaban del brazo y la arrojaban al suelo.

El tequila hizo su efecto y todo comenzó a darle vueltas. Amanda la tomó del cabello, se lo enredó en el brazo mientras jalaba la cabeza de Laura hacia el piso para mantenerla quieta. Laura trató de levantarse pero no pudo.

Trajeron una silla y la colocaron de manera que Laura quedó inmovilizada del torso y una trabe de la silla le pasaba por el cuello. Amanda la sostuvo de las manos y los brazos para que Abraham y Gabriel abusaran de ella. Amanda miraba a Laura a través de los orificios de esa máscara que se había puesto para torturarla, luego le rasguñaba los brazos y movía la silla para sofocarla. Laura sintió cómo el aire cada vez se hacía más escaso y su vida le pasaba a la distancia. Ya no sentía dolor pero estaba consciente de todo lo que le ocurría hasta que perdió el conocimiento. Amanda notó que Laura se desvanecía y alertó a Abraham y Gabriel, quien fue por una botella de alcohol que le rociaron por todo el cuerpo. Laura volvió en sí muy espantada. Se sintió húmeda y el olor a alcohol le hizo pensar que después de violarla le prenderían fuego.

Trató de incorporarse y Amanda la tumbó en el piso de un golpe con la silla.

Abraham y Gabriel no tardaron en volver a violarla. Laura no supo cuánto tiempo pasó, pero para ella fue eterno.

Laura lloraba al teléfono. Verónica al otro lado escuchaba.

Abraham se subió encima de Laura y la mordió dejando la huella de sus dientes marcados profundamente. En la mano llevaba la navaja con la que la cortaría.

Laura se llevó las manos al cuello y podía ver cómo la sangre escurría por sus dedos. Le amarraron las manos y la amordazaron. La envolvieron en una cobija y a placer Amanda, Gabriel y Abraham le patearon el cuerpo. Sentía las patadas por todos lados. No se podía defender, no se podía cubrir de los golpes.

Al terminar la despojaron de la cobija y Gabriel tomó su turno para violarla de nuevo. Mientras tanto, Abraham cortaba sus senos y piernas con una navaja.

—Yo ya no sentía nada —le dijo Laura a Verónica—, entre tanto alcohol, tanto golpe, tantas heridas en el cuerpo… yo ya no sentía nada. Estaba muy asustada, sólo podía llorar.

Gabriel quedó satisfecho de Laura y se retiró. Envolvieron entre los tres a Laura con dos cobijas y la subieron a una camioneta.

Condujeron hasta el interior del cementerio, la bajaron, la arrojaron al suelo y le quitaron las cobijas. La dejaron junto a un árbol que está sobre la entrada. Laura abrió los ojos cuando Abraham estaba parado frente a ella con una gran piedra entre sus manos. Miró a Laura, sonrió y le arrojó la piedra sobre el rostro con todas sus fuerzas.

Ella alcanzó a voltear la cara y la piedra la golpeó en la cabeza propiciándole una herida que comenzó a sangrar y la dejó inconsciente. Pasaba del mediodía cuando eso sucedió.

Laura recobró la conciencia cuando anochecía. Miró a su alrededor y sintió pánico. Las piernas no le respondían, el cuerpo le dolía. Trató de incorporarse y miró que sus calzones estaban en sus tobillos, como pudo los subió.

Comenzó a arrastrarse a la salida del panteón quizá unos 50 metros. Luego atravesó una carretera jalando todo su cuerpo con pura voluntad. Tomó fuerza y se arrastró otros 50 metros hasta la calle donde la encontraron.

—Es todo lo que te puedo contar —finalizó Laura—. Recuerdo que llegaste tú y me abrazaste, sentí tu cuerpo hirviendo porque yo tenía mucho frío. Muchas gracias por lo que hiciste por mí, de veras.

Laura le dejó su correo electrónico a Verónica y se apresuró a decir:

—Ya me tengo que ir, disculpa que te cuelgue.

—No te preocupes —contestó Verónica—, luego te llamo.

Verónica volvió a llamar y ya nadie contestó.

‖ Violencia sexual[65]

Son conductas cuyas formas de expresión dañan la intimidad de la persona, no importando su edad ni su sexo. Se realiza contra cualquier persona sin su consentimiento, vulnerando la libertad y dañando su desarrollo psicosexual, generando inseguridad, sometimiento y frustración, y pueden ser:

- Prácticas sexuales no deseadas o que generen dolor.
- Exhibición de genitales sin consentimiento del espectador.
- Roces eróticos sin el consentimiento de la persona.
- Penetración por boca, vagina o ano sin consentimiento.

‖ Violencia en la comunidad[66]

Son los actos individuales o colectivos que transgreden los derechos fundamentales de las mujeres y propician su denigración, discriminación, marginación o exclusión en el ámbito público.

‖ Violencia sexual desde una perspectiva de género[67]

La violencia desde una perspectiva de género que se ejerce contra las mujeres es una expresión de la discriminación y las relaciones de desigualdad que se dan en nuestras sociedades.

▶▶| La Endireh 2006 revela que 43% de las mujeres del país han sido víctimas de violencia por parte de sus parejas, con porcentajes que van de 54% en el Estado de México a 33.7% en Coahuila.[68]

▶▶| Los estados de la República Mexicana en donde hay más mujeres casadas o unidas que han enfrentado algún incidente de violencia son el Estado de México, Jalisco y Colima. En estos tres estados, más de la

---

[65] Campaña "Amor es sin violencia" para la prevención de noviazgos violentos.
[66] Ley General de Acceso de las Mujeres a una Vida Libre de Violencia.
[67] Envinov 2007.
[68] Endireh 2006.

mitad de las mujeres ha enfrentado violencia física, emocional, sexual y/o económica, ya sea uno o más tipos a la vez.[69]

▶ La mujer que se atreve a denunciar en realidad es una heroína. La sociedad le dice: "cállate, aguanta", la familia te lo dice. ¿Las leyes la van ayudar si denuncia? No hay órdenes de protección y a las mujeres las pueden matar, punto. Hay unos estudios que le llaman "La ruta crítica de las mujeres maltratadas". Quince años se tarda una mujer en pedir ayuda después de que la golpearon o la violaron.

Luciana Ramos
Investigadora del Instituto Nacional de Psiquiatría

---

[69] Endireh 2006.

Sólo quiero despedirme

Diez de la mañana. Sonó el teléfono de una línea telefónica de ayuda en una organización para auxiliar a mujeres que son víctimas de violencia.

—Hola, me llamo Adriana, ¿en qué puedo ayudarte?

—¿Sabes? Estoy muy triste.

—¿En qué puedo ayudarte?

—No, nada más quiero despedirme.

—Despedirte... ¿por qué?

—Porque le he hablado a mi mamá, le estoy llamando a mi hermana y no me contestan. Yo ya estoy muy cansado y quiero despedirme.

—Calma. ¿Qué es lo que está sucediendo?

—No quiero que me convenzas de no hacerlo, porque no lo vas a hacer. Yo sólo hablo para despedirme porque no quiero irme sin decirle adiós a alguien. Sólo quiero eso.

—Bueno... cuéntame, ¿qué es lo que te está pasando o qué te está orillando a pensar en eso?

—No, nada más quiero despedirme y quiero que en algún momento se lo digas a mi mamá.

—¿Dónde está tu mamá? ¿Qué crees que va a pensar cuando sepa que ya no estás aquí?

¿El amor te duele tanto que quisieras morir?

❏ Sí.
❏ Sólo una vez en mi vida he sentido eso.
❏ Algunas veces.
❏ No.

—Ya me cansé de estar pensando en todos los demás y no en mí. Yo ya estuve mucho tiempo aquí por los otros y yo ya no quiero estar aquí.

—Pero… ¿qué es lo que te tiene así?

Detrás de la línea de ayuda sólo se escuchó un ruido muy fuerte y ese fue el final de la conversación.

Óscar había llegado de Guadalajara para tratarse psiquiátricamente por un trastorno bipolar. Siempre fue una persona violentada en casa y en la escuela. Cargaba con el estigma de ser débil o "raro".

En la ciudad de México comenzó un tratamiento con litio, lo cual le ayudó a estabilizar los neurotransmisores que lo mantenían fluctuando entre la felicidad y la tristeza. Con el tratamiento mostró una evolución favorable en su comportamiento.

Consiguió un trabajo y su vida comenzó a cambiar, se hizo más seguro e independiente y entonces conoció a Joana, una chica por la que Óscar comenzó a desvivirse. Estaba enamorado.

Llegó el momento de tener relaciones sexuales y con ello los problemas. Una de las consecuencias de los medicamentos que ingería Óscar era la disminución de la libido. Óscar pidió tiempo para tomarlo con calma.

—¿Qué? ¿Eres puto? ¿Qué no me deseas?

Joana se desnudaba frente a Óscar y volvía a reprocharle:

—¿Qué, no te gusto? Ningún hombre normal me haría eso. Cualquier hombre que me viera desnuda me estaría cogiendo todo el día.

Óscar accedió a tener relaciones con Joana tras la presión, aun cuando eso implicaba que él dejara de tomar el medicamento. También abandonó sus sesiones psiquiátricas por complacerla. Su ánimo comenzó a fluctuar nuevamente y se desestabilizó hasta perder su trabajo. Ya no hubo regalos, ni salidas para Joana y entonces ella lo dejó. Óscar quedó destrozado.

Óscar había llamado a una línea de ayuda para despedirse. Rastrearon la llamada para solicitar apoyo de algún familiar. Tenían algunos datos que él había proporcionado en alguna otra llamada.

En el Distrito Federal vivía con una tía. La llamaron para alertarla. Ella dudó mucho y luego accedió a ayudar.

Cuando concluyó la llamada de Óscar, a su puerta había una patrulla y una ambulancia. Ambos tuvieron que esperar a que la tía llegara para entrar.

Para ese momento, Óscar había tratado de suicidarse con una corbata enredada a su cuello y jalando con sus dos brazos en sentido contrario. Su cuerpo se debilitó y la pérdida de fuerza lo llevó a fracasar en el intento.

Tomó una cuerda, la amarró a una viga y luego intentó colgarse. La cuerda no soportó el peso y cayó al suelo. Óscar sangraba y su laringe estaba muy lastimada.

Su tía, los paramédicos y la policía entraron por él. Los paramédicos no quisieron llevarlo a un psiquiátrico y lo dejaron en manos de la policía con una advertencia: "Si se te suicida en el camino o en la cárcel, va a ser tu responsabilidad".

Ambos se marcharon y la tía de Óscar asumió el control de la situación.

Llamó a la línea telefónica y pidió ayuda. Las instrucciones fueron: tomar un taxi y dirigirse directamente a urgencias del Instituto Nacional de Psiquiatría.

La tía pensó que una buena opción sería caminar mientras Óscar se tranquilizaba y lo llevó del brazo. Lo animaba y, a la par, trataba de recordarle lo importante de la vida. Él caminó en silencio.

Entraron al metro y Óscar esperó pacientemente en los andenes. Cuando vino el primer tren no dudó en lanzarse.

Tenía sólo 23 años.

Este caso fue reconstruido desde los testimonios de las personas que atendieron las llamadas de Óscar en el *call center* y los testimonios de sus familiares.

A pesar del trastorno bipolar que sufría Óscar, su vida pudo ser la de un chico normal mientras considerara continuar con su tratamiento. La violencia psicológica, sexual y económica que ejercieron contra él lo llevaron a un estado donde determinó decir no a la vida.

VIOLENCIA PSICOEMOCIONAL[70]
Son todas aquellas actitudes que dañan la estabilidad emocional, disminución o afectación de la personalidad; son muy difíciles de medir sin haber realizado un estudio minucioso en el desenvolvimiento de la persona afectada y pueden ser: prohibiciones, coacciones, condicionamientos, intimidaciones, amenazas, acciones devaluatorias y acciones de abandono.

Es todo acto que se compruebe que ha sido realizado con la intención de causar daño moral. Provocan gran ansiedad y angustia, siendo irreparables.

▶▶│ Los sentimientos que se producen ante el maltrato tanto en las y los jóvenes son[71]:

Miedo, 27.9% mujeres y 23.4% hombres.

Tristeza, 20.2% mujeres y 22.1% hombres.

Impotencia, 22.7% mujeres y 22.1% hombres.

▶ Hay que generar redes para atender casos de violencia de chavitos y chavitas, una red que trabaje, gente de procuración de justicia, de salud, de ONG para cuando detectamos un problema poder canalizarlo adecuadamente, tener apoyo y saber qué hacer. Hay que prevenir y detectar algunos síntomas de personalidad que pueden ser mortales.

Luciana Ramos
Investigadora del Instituto Nacional de Psiquiatría

---

[70] Campaña "Amor es sin violencia" para la prevención de noviazgos violentos.
[71] Datos proporcionados por el Imjuve.

Conclusiones

Quien ama hasta los golpes, no ama de verdad. Las historias contenidas en *Amar a madrazos* son una prueba de ello.

Las 19 historias aquí presentadas son la muestra de que la violencia no puede quedarse en el silencio eterno de la resignación. Los protagonistas de *Amar a madrazos* decidieron compartir los episodios de su vida donde el amor se combinaba con dolor, golpes, humillaciones y una clara ausencia de respeto.

Todos los testimonios plantean un escenario particular con un trasfondo social que se repite en diferentes personas, edades, niveles socioeconómicos, espacios geográficos. Ellos pueden hablar sobre su experiencia porque han asumido que no quieren a la violencia en sus relaciones como una forma de vida.

La conciencia sobre uno mismo y la complejidad de la situación es el primer paso para pedir ayuda y no mantener un ciclo de la violencia que se transforme en una espiral interminable.

La violencia en las relaciones es un tema que debe socializarse para generar un aprendizaje significativo sobre el tema, nadie se encuentra exento de la manipulación amorosa: de ser amado hasta que duela o de amar hasta tener el control total sobre el otro.

La complicidad social que se gesta alrededor del tema ha implicado en nuestras sociedades someterse a la aceptación de dinámicas violentas en las relaciones interpersonales de tipo emocional. La violencia no se debe justificar bajo ningún motivo.

El tema de violencia en las relaciones debería implicar en la agenda pública: la creación de espacios informativos, formativos, críticos, libres y de diálogo. Así como políticas públicas articuladas en el sector salud, educativo y de procuración de justicia.

Amar a madrazos ha implicado el esfuerzo y compromiso de personas interesadas en la difusión del tema: desde el protagonista, hasta funcionarios públicos. Todos con el objetivo central de hacer eco sobre el tema, que no termina con la presente publicación, porque su objetivo es desde un inicio plantear el diálogo, acompañar en los procesos, ser un elemento de comprensión y aprendizaje del otro, así como ofrecer opciones de instituciones especializadas en el tema.

Amar a madrazos es una lectura que no permite la indiferencia.

Directorio

Academia Mexicana de Derechos Humanos, A. C.
Tels. 5659-4980, 5658-5736, 5554-8094, ext. 212
www.amdh.com.mx

Centro de Derechos Humanos Miguel Agustín Pro-Juárez
Tel. 5546-8217, ext. 105
www.centroprodh.org.mx

CEIDAS
**(Centro de Estudios e Investigación en Desarrollo
y Asistencia Social)**
Tels. 5659-6209, 5659-6120, 5658-1048
www.ceidas.org

Colectivo contra la Tortura y la Impunidad
Tel. 5604-5642
www.contralatortura.org

Fundación Diarq, I. A. P. Nuevo Día
(Refugio para mujeres y niños que viven violencia familiar)
Tel. 5520-4404
www.fdiarq.org

Red Nacional de Refugios, A. C.
Tels. 5674-9695, 5243-6432
www.rednacionalderefugios.org.mx

Red por los Derechos de la Infancia en México
Tels. 5604-2466, 5604-2458, 5601-7133
www.infanciacuenta.org

Semillas Sociedad Mexicana Pro Derechos de la Mujer
Tel. 5353-0109, 5286-6425 Ext. 216
www.semillas.org.mx

Servicios a la Juventud, A. C. (SERAJ)
Tel. 5672-5389, 5243-5148
www.seraj.org.mx

Fundación Camino a Casa
Tel. 04455-1951-1448, Nextel 1042-1140
www.fundacioncaminoacasa.org

Consorcio para el Diálogo Parlamentario y la Equidad
Tel. 5512-4521
www.consorcio.org.mx

Equidad de Género, Ciudadanía, Trabajo y Familia, A. C.
Tel. 5658-7114
www.equidad.org.mx

Fundación Monte Fénix
Tel. 5681-3011
www.montefenix.org.mx

Infancia Común, A. C.
Tels. 5511-2349, 5511-8816
www.infanciacomun.org.mx

UNIFEM
(Fondo de Desarrollo de las Naciones Unidas para la Mujer)
Tel. 5263-9808
www.unifem.com.mx

Comisión Nacional de los Derechos Humanos
Tel. 5631-0040
www.cndh.org.mx

Comisión de Derechos Humanos del Distrito Federal
Tel. 5229-5600
www.cdhdf.org.mx

Instituto Mexicano de la Juventud
Tel. 1500-1300
www.imjuventud.gob.mx

Instituto de la Juventud del Distrito Federal
Tel. 5342-2148
www.jovenes.df.gob.mx

Instituto Nacional de las Mujeres
Tels. 5322-4200, 01-800-911-25-11
www.inmujeres.gob.mx

Instituto de las Mujeres del Distrito Federal
Tels. 5512-2831, 5512-2836
www.inmujer.df.gob.mx

**Fiscalía Especial para los Delitos de Violencia
contra las Mujeres y Trata de Personas**
Tels. 5346-2516, 01-800-00-854-00
www.pgr.gob.mx/.../fevimtra/

**CAVI
(Centro de Atención a la Violencia Intrafamiliar PGJDF)**
Tel. 5200-9000
www.df.gob.mx/wb/gdf/centro_de_atencion_a_la_violencia_in-trafamiliar_ca

**Desarrollo y Movimiento en Equilibro, A. C.
Alternativas de vida sin violencia de género**
Tels. 2456-3710, 04455-2071-8202
www.desarrolloymovimientoenequilibrio.pagina.gr

Muchas gracias

A las mujeres y hombres protagonistas de las 19 historias. Por ser voz valiente al compartir parte de su vida y enseñarnos que somos lo vivido.

Instituto Mexicano de la Juventud
Priscila Vera Hernández
Karem Resendiz Morales
Alexis Misael García Ramírez
Mónica Castillo Pacheco
Orlando Anaya González
Roberto García Salgado

Directora Ejecutiva de Tratamiento para Menores
Raquel Olvera Rodríguez
Enlace de Comunicación
Luis Francisco Trujillo
Comunidad para mujeres
Emilia Flores Melo
Narcedalia Carranza Martínez

Yolanda Alva Lozano

Araceli Navarrete Mejía

Comunidad de Diagnóstico Integral para Adolescentes

Cynthia Catalina Rosas Rodríguez

Dalia Pérez Ortíz

Jesús Camacho Martínez

Irene Carballo Franco

Amín Serrano Rojas

Verónica Arcos

Desarrollo y Movimiento en Equilibrio, A. C.
Alternativas de vida sin violencia de género

Maryvel Cruz Holguín

Verónica Omaña Cruz

Elena Vega Ortega

Fundación Diarq I. A. P. Nuevo Día

Susana Franklin, Directora General

Educación y Promoción de la Comisión
de Derechos Humanos del Distrito Federal

Mónica Adriana Mendoza

Fiscal Especial para los Delitos de Violencia
contra las Mujeres y Trata de Personas de la PGR

Sara Irene Herrerías

Director de Enlace y Seguimiento de la Fiscalía Especial
para Delitos de Violencia contra las Mujeres
y Trata de Personas de la PGR

Ricardo Ruiz Carbonell

Investigadora de la Dirección de Investigaciones
Epidemiológicas y Psicosociales del Instituto Nacional
de Psiquiatría Dr. Ramón de la Fuente Muñiz
Luciana Ramos

Subdirectora del Programa sobre Asuntos de la Mujer,
la Niñez y la Familia, de la Comisión Nacional
de Derechos Humanos
Lucía Rodríguez

Directora del Centro de Atención a la Violencia
Intrafamiliar de la Procuraduría General de Justicia
del Distrito Federal
Lydia Miranda

Director General del Injuve del Distrito Federal
Javier Hidalgo

Comunicación Social de la Subsecretaría del Sistema
Penitenciario del Gobierno del Distrito Federal
Laura Rivera

Random House Mondadori
Orfa Alarcón
Arnoldo Langner

Emeequis
Ignacio Rodríguez Reyna
Jacinto Rodríguez Munguía
Humberto Padgett León
Viétnika Batres Guadarrama

Vanessa Job Valle
Tatiana Maillard Cantón

Universidad Marista
José Antonio Galván Pastrana
Margarita Puente Mungía
Diohema Anlleu
Chelo Manero Soto
Homero Ventura Tello
Tamy Itzel Upton Rivas
Estefany Fabiola López Aguado Sánchez
Mónica Marisol Villafuerte Alcántara

Humberto Musacchio
Ángel Soto
Carlos Barrón
Karla Ruiz
Lulú del Castillo Velasco
Alejandra Martínez Armenta
Leticia Santamaría Monjaraz
Laura Gabriela Muñoz Montoya
Alejandro Jácome González del Corral
Marisol Suárez
Jesús Santa Anna O'Cadiz
Cinthya García Castañeda
Jorge Iván González Barrera
Ricardo Sandoval Celaya
Tanya Guerrero González
Sergio Martínez Ramos
Humberto Aguilar Barreto
Julio Chávez Luviano
Ana Lía Sánchez de la Vega

Índice

Amar a madrazos
de Ale del Castillo y Moisés Castillo
se terminó de imprimir en **Noviembre** 2010 en
Drokerz Impresiones de México S.A. de C.V.
Venado N° 104, Col. Los Olivos
C.P. 13210, México, D. F.